中华人民共和国
电子商务法
注释本

法律出版社法规中心　编

法律出版社
LAW PRESS CHINA
·北　京·

图书在版编目(CIP)数据

中华人民共和国电子商务法注释本 / 法律出版社法规中心编. -- 北京 : 法律出版社, 2021
(法律单行本注释本系列)
ISBN 978 - 7 - 5197 - 5799 - 1

Ⅰ. ①中… Ⅱ. ①法… Ⅲ. ①电子商务-法规-法律解释-中国 Ⅳ. ①D922.294.5

中国版本图书馆 CIP 数据核字(2021)第 150668 号

中华人民共和国电子商务法注释本
ZHONGHUA RENMIN GONGHEGUO DIANZI SHANGWUFA ZHUSHIBEN

法律出版社法规中心 编

责任编辑 李 群 陈昱希
装帧设计 李 瞻

出版发行 法律出版社
编辑统筹 法规出版分社
责任校对 张红蕊
责任印制 张建伟
经　　销 新华书店

开本 850 毫米×1168 毫米 1/32
印张 6　**字数** 175 千
版本 2021 年 9 月第 1 版
印次 2021 年 9 月第 1 次印刷
印刷 三河市兴达印务有限公司

地址:北京市丰台区莲花池西里 7 号(100073)
网址:www.lawpress.com.cn
投稿邮箱:info@lawpress.com.cn
举报盗版邮箱:jbwq@lawpress.com.cn
销售电话:010-83938349
客服电话:010-83938350
咨询电话:010-63939796

书号:ISBN 978-7-5197-5799-1　**定价**:24.00 元

凡购买本社图书,如有印装错误,我社负责退换。电话:010-83938349

编辑出版说明

现代社会是法治社会，社会发展离不开法治护航，百姓福祉少不了法律保障。遇到问题依法解决，已经成为人们处理矛盾、解决纠纷的不二之选。然而，面对纷繁复杂的法律问题，如何精准、高效地找到法律依据，如何完整、准确地理解和运用法律，日益成为人们"学法、用法"的关键所在。

为了帮助读者快速准确地掌握"学法、用法"的本领，我社开创性地推出了"法律单行本注释本系列"丛书，至今已十余年。本丛书历经多次修订完善，现已出版近百个品种，涵盖了社会生活的重要领域，已经成为广大读者学习法律、应用法律之必选图书。

本丛书具有以下特点：

1. 出版机构权威。成立于1954年的法律出版社，是全国首家法律专业出版机构，始终秉承"为人民传播法律"的宗旨，完整记录了中国法治建设发展的全过程，享有"社会科学类全国一级出版社"等荣誉称号，入选"全国百佳图书出版单位"。

2. 编写人员专业。本丛书皆由相关法律领域内的专业人士编写，并引入匿名审稿评估制度，确保图书内容始终紧跟法治进程，反映最新立法动态，体现条文本义内涵。

3. 法律文本标准。作为专业的法律出版机构，多年来，我社始终使用全国人民代表大会常务委员会公报刊登的法律文本，积淀了丰富的标准法律文本资源，并根据立法进度及时更新相关内容。

4. 条文注释精准。本丛书以立法机关的解读为蓝本，对每个条文提炼出条文主旨，并对重点条文进行注释，使读者能精准掌握立法意图，轻松理解条文内容。

5. 适用要点详细。特设"适用要点"栏目，对实务运用中应该注意的事项、常见的处理方法、关键字句的理解、需要注意的细节等，作详细而有条理的阐释。

6. 配套附录实用。书末"附录"部分收录的均为重要的相关法律、法规和司法解释，使读者在使用中更为便捷，使全书更为实用。

需要说明的是，本丛书中"适用提要""条文主旨""条文注释"等内容皆是编者为方便读者阅读、理解而编写，不同于国家正式通过、颁布的法律文本，不具有法律效力。本丛书不足之处，恳请读者批评指正。

我们用心打磨本丛书，以期待为法律相关专业的学生释法解疑，致力于为每个公民的合法权益撑起法律的保护伞。

法律出版社法规中心

2021年9月

目　录

《中华人民共和国电子商务法》适用提要 ………… 1

中华人民共和国电子商务法

第一章　总则 ………… 5
第一条　立法目的 ………… 5
第二条　电子商务的内涵、外延与适用范围 ………… 6
第三条　电子商务新业态、新技术、新模式 ………… 10
第四条　线上线下一致原则与融合发展 ………… 10
第五条　电子商务经营者义务和责任 ………… 11
第六条　电子商务发展促进与监督管理 ………… 13
第七条　电子商务的协同管理与市场共治 ………… 13
第八条　行业自律与规范 ………… 14

第二章　电子商务经营者 ………… 15
第一节　一般规定 ………… 15
第九条　电子商务经营主体定义与划分 ………… 15
第十条　电子商务经营者应办理市场主体登记 ………… 18
第十一条　依法履行纳税义务与办理纳税登记 ………… 18
第十二条　电子商务经营者依法取得行政许可 ………… 19
第十三条　不得从事法律禁止的商品或者服务交易 ………… 20
第十四条　电子发票与纸质发票具有同等法律效力 ………… 21

第十五条　电子商务经营者的“亮照经营”义务 ……… 23
第十六条　电子商务经营者自行终止业务的信息公示义务 …………………………… 24
第十七条　全面、真实、准确、及时地披露商品、服务信息 …………………………… 25
第十八条　不得通过定向搜索侵害消费者的知情权和选择权 ……………………… 27
第十九条　禁止搭售商品或者服务 …………………… 28
第二十条　电子商务经营者交付商品和服务的在途风险和责任 ……………………… 29
第二十一条　电子商务经营者收取和退还押金 ……… 30
第二十二条　电子商务经营者不得滥用市场支配地位 …………………………………… 32
第二十三条　电子商务经营者的个人信息保护义务 …… 34
第二十四条　用户信息的查询、更正、删除等 ………… 35
第二十五条　电子商务数据信息提供义务与安全保护 …………………………………… 36
第二十六条　跨境电子商务的法律适用 ……………… 38
第二节　电子商务平台经营者 ……………………… 38
第二十七条　电子商务平台经营者对平台内经营者的身份和信息管理 ………………… 38
第二十八条　平台内经营者的身份信息和纳税信息报送 …………………………………… 40
第二十九条　电子商务平台经营者对商品或者服务信息的审查、处置和报告 ……… 42
第 三 十 条　网络安全与交易安全保障 ……………… 43
第三十一条　商品和服务信息、交易信息记录和保存 ……………………………………… 45

第三十二条　服务协议和交易规则制定………………　46
第三十三条　服务协议和交易规则的公示……………　46
第三十四条　服务协议和交易规则修改………………　47
第三十五条　不得进行不合理限制、附加不合理条件、收取不合理费用　……………………　48
第三十六条　违法违规行为处置信息公示义务………　50
第三十七条　自营业务的区分标记……………………　50
第三十八条　电子商务平台经营者的连带责任与相应责任………………………………………　52
第三十九条　信用评价制度与信用评价规则…………　55
第 四 十 条　竞价排名业务的广告标注义务…………　55
第四十一条　知识产权保护规则………………………　57
第四十二条　知识产权权利人的通知与电子商务平台经营者的删除等措施………………　58
第四十三条　平台内经营者的声明及电子商务平台经营者采取措施的终止………………　60
第四十四条　知识产权人的通知、平台内经营者采取的措施以及平台内经营者声明的公示　……………………………………　61
第四十五条　电子商务平台经营者知识产权侵权责任………………………………………　61
第四十六条　合规经营与不得从事的交易活动………　63

第三章　电子商务合同的订立与履行……………………　65
第四十七条　电子商务合同的法律适用………………　65
第四十八条　自动信息系统的法律效力与行为能力推定………………………………………　65
第四十九条　电子商务合同成立………………………　67

第 五 十 条　电子商务合同订立规范…………………… 69
第五十一条　合同标的交付时间与方式………………… 71
第五十二条　使用快递物流方式交付商品的法律规范………………………………………… 74
第五十三条　电子支付服务提供者的义务……………… 76
第五十四条　电子支付安全管理要求…………………… 78
第五十五条　错误支付的法律责任……………………… 79
第五十六条　向用户提供支付确认信息的义务………… 81
第五十七条　未授权支付………………………………… 82

第四章　电子商务争议解决……………………………… 84
第五十八条　商品、服务质量担保机制和先行赔偿责任 ………………………………………… 84
第五十九条　电子商务经营者的投诉举报机制………… 85
第 六 十 条　电子商务争议五种解决方式……………… 88
第六十一条　协助维权义务……………………………… 90
第六十二条　电子商务经营者提供原始合同和交易记录的义务……………………………… 91
第六十三条　电子商务平台争议在线解决机制………… 92

第五章　电子商务促进…………………………………… 95
第六十四条　电子商务发展规划和产业政策…………… 95
第六十五条　电子商务绿色发展………………………… 95
第六十六条　基础设施建设、统计制度和标准体系建设 ………………………………………… 95
第六十七条　电子商务与各产业融合发展……………… 96
第六十八条　农村电子商务与精准扶贫………………… 97
第六十九条　电子商务交易安全与公共数据共享……… 97

第 七 十 条　电子商务信用评价…………………… 98
第七十一条　国家支持促进跨境电子商务发展………… 99
第七十二条　单一窗口与电子单证……………………… 99
第七十三条　国际交流与合作…………………………… 100

第六章　法律责任……………………………………… 101
第七十四条　电子商务经营者的民事责任…………… 101
第七十五条　电子商务经营者违法违规的法律责任衔接……………………………………… 102
第七十六条　电子商务经营者违反信息披露义务的行政处罚……………………………… 104
第七十七条　违法提供搜索结果或者搭售商品、服务的行政处罚　…………………………… 105
第七十八条　违反押金管理规定的行政处罚………… 106
第七十九条　违反个人信息保护义务、网络安全保障义务的法律责任衔接规定　………… 106
第 八 十 条　违反核验登记、信息报送、违法信息处置、商品和服务信息、交易信息保存义务的行政处罚…………………… 107
第八十一条　违反服务协议管理、交易规则管理、自营业务标注、信用评价管理、广告标注义务的行政处罚……………………… 108
第八十二条　对平台内经营者进行不合理限制、附加不合理条件、收取不合理费用的行政处罚　……………………………… 109
第八十三条　电子商务平台经营者未履行审核义务以及未尽到安全保障义务的行政处罚……………………………………………… 110

第八十四条 平台知识产权侵权的行政处罚……………… 111
第八十五条 产品质量、反垄断、反不正当竞争、知识产权保护、消费者权益保护等法律的法律责任的衔接性规定……………… 111
第八十六条 违法行为的信用档案记录与公示……………… 113
第八十七条 电子商务监管部门工作人员的违法行为的法律责任……………… 113
第八十八条 违法行为的治安管理处罚和刑事责任…… 115

第七章 附则……………… 116
第八十九条 施行日期……………… 116

附 录

中华人民共和国网络安全法(2016.11.7) ……………… 117
中华人民共和国数据安全法(2021.6.10) ……………… 130
中华人民共和国个人信息保护法(2021.8.20) ……………… 137
中华人民共和国市场主体登记管理条例(2021.7.27) ……………… 150
网络交易监督管理办法(2021.3.15) ……………… 159
网络交易平台合同格式条款规范指引(2014.7.30) ……………… 169
最高人民法院关于涉网络知识产权侵权纠纷几个法律适用问题的批复(2020.9.12) ……………… 173
最高人民法院关于审理涉电子商务平台知识产权民事案件的指导意见(2020.9.10) ……………… 174

《中华人民共和国电子商务法》适用提要

当今中国乃至世界，网络信息技术和电子商务日新月异、蓬勃发展，全面融入人们的生产生活，深刻改变了经济社会发展格局。在我国经济发展新常态下，电子商务发展迅速，同时发展过程中的一些矛盾和问题已经凸显，社会各界迫切期望加快电子商务立法。2018 年 8 月 31 日，第十三届全国人民代表大会常务委员会第五次会议审议通过《中华人民共和国电子商务法》（以下简称《电子商务法》），自 2019 年 1 月 1 日起施行。

电子商务立法全面贯彻党的十八大和十九大精神，牢固树立和贯彻落实创新、协调、绿色、开放、共享发展理念，按照完善社会主义市场经济体制、全面依法治国的总体目标和要求，坚持促进发展、规范秩序、保障权益，充分发挥立法的引领和推动作用，加强顶层设计，夯实制度基础，激发电子商务发展创新的新动力、新动能，解决电子商务发展中的突出矛盾和问题，建立开放、共享、诚信、安全的电子商务发展环境，推动经济结构调整，实现经济提质增效转型升级，切实维护国家利益。简要概括，即促进电子商务持续健康发展，规范电子商务行为，维护市场秩序，保障电子商务各方主体特别是消费者的合法权益。

《电子商务法》分为总则、电子商务经营者、电子商务合同的订立与履行、电子商务争议解决、电子商务促进、法律责任和附则

7 章,共 89 条。《电子商务法》主要内容包括调整对象、电子商务经营主体(电子商务经营者、电子商务平台经营者)、电子商务交易与服务(电子合同、电子支付、快递物流与交付)、电子商务交易保障(数据信息保护、市场秩序与公平竞争、消费者权益保护、争议解决)、跨境电子商务、监督管理与社会共治等,具体如下。

(一)调整对象

《电子商务法》调整对象和范围的确定,直接关系到促进发展、规范秩序、保障权益的立法目标顺利实现,关系到整个《电子商务法》的总体框架设计,应综合考虑我国电子商务发展实践、中国的现实国情并与国际接轨、与国内其他法律法规的衔接等。综合各方意见,《电子商务法》将电子商务定义为“通过互联网等信息网络销售商品或者提供服务的经营活动”。在此定义中,信息网络包括互联网、移动互联网等;销售商品包括销售有形产品和销售无形产品(如数字产品);提供服务是指在线提供服务;经营活动是指以营利为目的的商务活动,包括上述销售商品、提供服务和相关辅助经营服务活动。考虑到立法应尽可能涵盖电子商务的实际领域,同时与其他法律法规有效衔接,《电子商务法》第 2 条第 3 款规定:“法律、行政法规对销售商品或者提供服务有规定的,适用其规定。金融类产品和服务,利用信息网络提供新闻信息、音视频节目、出版以及文化产品等内容方面的服务,不适用本法。”

(二)电子商务经营主体

《电子商务法》对电子商务经营主体作出了明确规定,区分了一般的电子商务经营者和电子商务平台经营者。《电子商务法》着重对电子商务平台经营者进行明确规定:一是要求其对平台内经营者进行审查,提供稳定、安全服务;二是要求其应当公开、透明地制定平台交易规则;三是对其提出遵循重要信息公示、交易记录保存等要求;四是对其退出提出要求。在《电子商务法》的起草过程中,经过反复沟通协调,各方面均认同市场主体登记是电子商务经营者的法定义务。但考虑到我国国情和电子商务发展实际，为有利于促进就业，可以对部分符合条件的小规模经营者免予登记。因此，《电子商务法》第 10 条规定："电子商务经营者应当依法办理市场主体登记。但是，个人销售自产农副产品、家庭手工业产品，个人利用自己的技能从事依法无须取得许可的便民劳务活动和零星小额交易活动，以及依照法律、行政法规不需要进行登记的除外。"

（三）电子商务交易与服务

围绕电子商务的交易与服务主要有电子合同、电子支付、快递物流和交付。关于电子合同，《电子商务法》根据电子商务发展的特点，在现有法律规定的基础上规定了电子商务当事人行为能力推定规则、电子合同的订立、自动交易信息系统等内容。关于电子支付，《电子商务法》规定了电子支付服务提供者和接受者的法定权利义务，对支付确认、错误支付、非授权支付等作出规定。关于快递物流和交付，《电子商务法》明确了快递物流依法为电子商务提供服务，规范了电子商务寄递过程中的安全和服务问题。

（四）电子商务交易保障

《电子商务法》对电子商务交易保障主要规定四方面内容：一是电子商务数据信息的开发、利用和保护，明确规定鼓励数据信息交换共享，保障数据信息的依法有序流动和合理利用，强调电子商务经营者对用户个人信息应采取相应保障措施，并对电子商务数据信息的收集、利用及安全保障作出明确要求。二是市场秩序与公平竞争，规定电子商务经营主体知识产权保护、平台责任、不正当竞争行为的禁止和信用评价规则。三是消费者权益保护，包括商品或者服务信息真实、商品或者服务质量保证、交易规则和格式条款制定，并规定了设立消费者权益保证金，电子商务平台经营者有协助消费者维权的义务。四是争议解决，在适用传统方式的基础上，根据电子商务发展特点，积极构建在线纠纷解决机制。

(五)跨境电子商务

近年来,我国跨境电子商务快速发展,已经形成了一定的产业集群和交易规模。发展跨境电子商务,有利于完善我国对外开放战略布局和对外贸易优化升级,有利于推进"一带一路"建设和实施自由贸易区战略,形成对外开放新体制。为支持、促进和保障跨境电子商务发展,《电子商务法》对此作了专门规定。一是国家鼓励促进跨境电子商务的发展。二是国家推动建立适应跨境电子商务活动需要的监督管理体系,提高通关效率,保障贸易安全,促进贸易便利化。三是国家推进跨境电子商务活动通关、税收、检验检疫等环节的电子化。四是推动建立国家之间跨境电子商务交流合作等。

(六)监督管理与社会共治

《电子商务法》规定了国务院及各级政府对电子商务的监管职能。电子商务治理要充分发挥政府作用,同时还要充分发挥行业自律和社会共治的作用,实现多管齐下、综合治理。即要体现电子商务管理创新,运用互联网思维、互联网管理办法。电子商务行业组织和电子商务经营主体应当加强行业自律,建立健全行业规范和网络规范,引导本行业经营者公平竞争,推动行业诚信建设。国家鼓励、支持和引导电子商务行业组织、电子商务经营主体和消费者共同参与电子商务市场治理。

中华人民共和国电子商务法

（2018年8月31日第十三届全国人民代表大会常务委员会
第五次会议通过　2018年8月31日中华人民共和国
主席令第7号公布　自2019年1月1日起施行）

第一章　总　　则

第一条　【立法目的】[①]为了保障电子商务各方主体的合法权益，规范电子商务行为，维护市场秩序，促进电子商务持续健康发展，制定本法。

条文注释[②]

电子商务主体是以各种身份参与电子商务法律关系，在电子商务活动中享有权利、承担义务的自然人、法人和非法人组织。电子商务主体包括电子商务经营主体和消费者。以是否直接销售商品或者提供服务为标准，电子商务经营主体分为电子商务经营者和电子商务平台经营者。前者是指通过互联网等信息网络销售商品或者提供服务的自然人、法人和非法人组织；后者是指在电子商务中为交易双方或者多方提供网络经营场所、交易撮合、信息发布等服务，

①② 条文主旨、条文注释为编者所加，仅供参考，下同。——编者注

供交易双方或者多方独立开展交易活动的法人或者非法人组织。

《电子商务法》①保障的是所有参与电子商务活动的主体的合法权益，既包括消费者，也包括电子商务经营者和第三方电子商务平台经营者。电子商务主体的法律地位是平等的，因此《电子商务法》既不过度保护消费者的权益，也不偏袒电子商务经营主体，而是平等对待参与电子商务活动的各方。《电子商务法》应破除制约电子商务发展的制度障碍，保障电子商务经营主体的自由竞争、相关主体的数据权利等，同时按照政府最小干预原则，推动实现政府监管、行业自律、社会共治有机结合，为电子商务良性发展、互动创新奠定坚实的制度基础。

第二条　【电子商务的内涵、外延与适用范围】中华人民共和国境内的电子商务活动，适用本法。

本法所称电子商务，是指通过互联网等信息网络销售商品或者提供服务的经营活动。

法律、行政法规对销售商品或者提供服务有规定的，适用其规定。金融类产品和服务，利用信息网络提供新闻信息、音视频节目、出版以及文化产品等内容方面的服务，不适用本法。

条文注释

电子商务的核心是通过信息网络进行的商事活动，但并非通过互联网从事的活动都属于电子商务的范畴。电子商务应限于商事活动的范畴，企业的客户管理、合作伙伴管理、人力资源管理、会计财务管理、生产管理等公司内部管理，不属电子商务的范畴；同时电子政务、电子军务分别属于行政法和军事法调整的范畴，亦不纳入《电子商务法》调整的范围。具体的电子商务活动主要分为两类：一是销售商品，二是提供服务。“互联网等信息网络”包括互联网、移动互联网、电信网、物联网等。销售商品既包括销售有形产品，也包括销售无形产品，如数字音乐、电子书和计算机软件的复制件等数字

①　为方便阅读，本书中法律法规名称均使用简称。——编者注

产品交易。商品的本质是劳动产品,服务的本质是劳动本身(劳务)。技术交易无论是技术转让还是技术许可,都属于无形商品交易的范畴。因此,技术交易在事实上已经纳入《电子商务法》的调整范围,不必单独列明。提供服务,是指在线提供服务,如滴滴打车、网络教育、在线租房、在线旅游等;或者是网上订立服务合同,在线下履行,如家政服务。此外,对销售商品和提供服务进行支撑的相关服务,如电子支付、物流快递、信用评价、网店设计等,因其与电子商务活动联系密切,也被纳入《电子商务法》的调整对象。

《电子商务法》只调整具有普遍性的通过信息网络销售商品或者提供服务的经营活动。对于特殊类型的服务,如金融类产品和服务、单纯的信息发布(如提供新闻信息服务、问答服务)等涉及内容管理的服务,以及利用信息网络播放音视频节目、进行网络出版等涉及意识形态安全领域的服务,考虑到对其进行监督管理的专业性和特殊性,故不将其纳入《电子商务法》的调整范围。

适用要点

经营活动是指以营利为目的的持续性业务活动,即商事行为,包括销售商品、提供服务和相关辅助经营服务活动。准确界定经营活动,是区分电子商务活动与其他网络活动的关键,有助于确定《电子商务法》的基本适用范围。"经营"的法律属性是电子商务活动的重要特征,是判断网络上的相关行为是否构成电子商务活动的关键要素。自然人利用网络零星、偶发地出售二手物品、闲置物品,因其不具有经营属性,所以不属于电子商务的范畴,因此而发生的法律关系,可适用《民法典》的相关规定。为这些零星偶发的行为提供相关服务的平台,则可能属于《电子商务法》规定的电子商务经营主体,受《电子商务法》的调整。还需要指出的是,自然人以营利为目的且持续销售商品或提供服务,应纳入《电子商务法》的调整范围。此外,单纯的公司内部管理行为,不属于法律意义上的经营活动,即使通过网络进行,也不应纳入《电子商务法》的调整范围。

某一种互联网产业形态是否属于《电子商务法》的调整对象,应结合商业模式的架构、实践中发生的具体法律关系形态、实质性的利益结构来具体分析、综合判断，而不能笼统地肯定或否认某种业态属于或不属于《电子商务法》所调整的电子商务。只要某种行为的本质是利用信息网络来销售商品或者提供服务的经营活动，尽管其商业模式或者依托的技术、平台千差万别，都不影响将该活动界定为电子商务并适用《电子商务法》。

本条第1款规定的法律适用范围，除了经营性特征之外，还有境内性特征。经营活动属于民事活动。根据《民法典》第12条的规定，中华人民共和国领域内的民事活动，适用中华人民共和国法律。法律另有规定的，依照其规定。因此，《电子商务法》第2条第1款的规定与《民法典》的规定相一致。

《电子商务法》对于境内经营者与境外经营者的电子商务活动的调整范围与条件有所不同，以下分述之。

1. 境内经营者

我国境内经营者的电子商务活动适用《电子商务法》进行调整，当无疑义，但跨境电子商务并未被完全排斥于《电子商务法》适用范围之外。我国电子商务经营者从事跨境电子商务活动，应当遵守《电子商务法》及进出口监管的法律、行政法规的规定。

另外，在跨境电子商务的出口贸易中，我国境内经营者为了提高效率和节约成本，深入买家所在国家或者地区，在当地建立储存商品的海外仓。这些仓储设施处于我国境外，应当遵守所在国家或者地区的法律。

2. 境外经营者

境外经营者的活动在我国境内产生影响的，可视情况决定是否扩展适用《电子商务法》。《电子商务法》扩展适用可分三类，即电子商务平台服务导致的扩展适用、保护我国消费者的扩展适用、依据国际条约或者协定的扩展适用。

(1)电子商务平台服务导致的扩展适用

境外法人或者非法人组织使用我国电子商务平台服务从事经营活动的，即使其是依据外国法律成立，并未在我国取得市场主体登记、经营性网站许可证，也应受《电子商务法》的管辖，除非境外经营者与我国电子商务平台经营者明确协议约定排除我国法律的适用。反之,我国公民、法人、其他组织之间进行的电子商务活动,即便通过国外的网站或者使用国外平台服务进行,亦应视为境内的电子商务活动而适用《电子商务法》,除非交易双方明确约定排除我国法律的适用(但在消费者贸易的情况下,此种协议排除受到限制)。

(2)保护我国消费者的扩展适用

经常居所地为我国的消费者与境外电子商务经营者之间购买商品与服务的合同,应适用《电子商务法》的规定。

外国经营者是否在我国从事相关电子商务活动、是否通过网络向我国消费者提供商品与服务,应当根据实际情况加以判断。如果境外电子商务经营者(包括自建网站经营者、电子商务平台经营者与平台内经营者)使用的语言文字、支付货币与配送方式等交易诸方面均明确指向中国境内的消费者,应当视为面向我国消费者从事相关电子商务活动,属于我国境内的电子商务活动,应适用《电子商务法》。

在跨境电子商务中,根据契约自由原则与意思自治原则,电子商务主体可以通过合同约定适用的法律。因此,理论上,消费者如果选择适用商品、服务提供地法律,则从其约定。但是,在现实生活中,消费者常常受制于经营者提供的格式条款或者格式合同,被动选择商品、服务提供地的法律为合同适用的法律。在此情况下,法律有必要给予消费者特殊的保护与救济,以弥补消费者在缔约能力上的不足。因此,如果境外经营者在格式条款中或者订立合同的自动信息系统中明确规定合同适用商品、服务提供地法律,排除《电子商务法》等我国法律的适用,损害消费者利益的,我国消费者可以对该条款不知情、不同意为由到我国有管辖权的法院起诉,主张适用外国法的条款无效,维护自身的合法权益。法院应当根据消费者的主张与证据,依法认定适用外国法条款是否有效。

(3)依据国际条约或者协定的扩展适用

我国与其他国家、地区所缔结或参加的国际条约、协定规定跨境电子商务活动适用《电子商务法》的,应从其规定。

第三条　【电子商务新业态、新技术、新模式】国家鼓励发展电子商务新业态，创新商业模式，促进电子商务技术研发和推广应用，推进电子商务诚信体系建设，营造有利于电子商务创新发展的市场环境，充分发挥电子商务在推动高质量发展、满足人民日益增长的美好生活需要、构建开放型经济方面的重要作用。

第四条　【线上线下一致原则与融合发展】国家平等对待线上线下商务活动，促进线上线下融合发展，各级人民政府和有关部门不得采取歧视性的政策措施，不得滥用行政权力排除、限制市场竞争。

条文注释

线上线下一致原则，是指电子商务各方主体的法律地位平等，电子商务主体与其他民商事主体的法律地位也平等，因此国家应平等对待线上和线下商务活动。这一原则是电子商务立法在借鉴功能等同原则、技术中立原则合理成分的基础上，回应中国现实问题的需要所创立。其中，技术中立原则又称非歧视原则，即国家制定法律、政策和标准时，应同等对待各种技术，由电子商务经营者自主选择各种电子商务技术，国家鼓励各种新技术应用和推广，给予各种电子商务技术公平竞争的机会。

根据技术中立原则，国家应当依法承认电子票据、电子合同、电子检验检疫报告和证书等各类电子交易凭证的法律效力，认可其作为处理相关业务的合法凭证；逐步推行电子发票和电子会计档案，完善相关技术标准和规章制度；建立完善电子商务统计制度，扩大电子商务统计的覆盖面，增强统计的及时性、真实性；制定适合电子商务特点的投诉管理制度与纠纷解决机制。

技术中立原则在价值取向上是尊重、鼓励平等和公平的技术竞争，平等对待各种技术，可进一步引申为平等对待依托于各种技术的商务活动。具体而言，“平等对待”要求各级政府和有关部门平等对待电子商务活动和其他商务活动，使其与其他商务活动处于同一起跑线上，既不能歧视电子商务活动，也不能歧视其他商务活动。电子商务活动的跨地域性、跨行业特征，要求各级政府和有关部门打破条块分割,不得实施地方保护主义。

第五条 【电子商务经营者义务和责任】电子商务经营者从事经营活动,应当遵循自愿、平等、公平、诚信的原则,遵守法律和商业道德,公平参与市场竞争,履行消费者权益保护、环境保护、知识产权保护、网络安全与个人信息保护等方面的义务,承担产品和服务质量责任,接受政府和社会的监督。

条文注释

自愿、平等、公平、诚信原则,是指电子商务经营者从事电子商务活动时法律地位一律平等,应当遵循自愿原则,按照自己的意思设立、变更、终止电子商务关系,合理确定各方的权利和义务,秉持诚实,恪守承诺。此外,电子商务经营者应当接受商业道德规范的约束,通过正当、合理、公平、公正的手段进行竞争,不得以违反公平诚信原则和商业道德的手段进行不正当竞争。

履行消费者权益保护义务,是指电子商务经营者应依照《消费者权益保护法》的规定,保护消费者在购买、使用商品和接受服务时享有人身、财产安全不受损害的权利。具体而言,应当依法保护消费者的知情权、自主选择权、公平交易权、依法获得赔偿权、建立消费者组织的权利、监督批评权、人身财产安全权、受尊重权等。换言之,电子商务经营者向消费者提供商品或者服务时,应当恪守社会公德,诚信经营,不得设定不公平、不合理的交易条件,不得强制交易,接受消费者的监督,履行安全保障义务,对可能危及消费者人身、财产安全的商品和服务,应当向消费者作出真实的说明和明确的警示,并说明和标明正确使用商品或者接受服务的方法以及防止危害发生的方法,履行七天无理由退货义务,履行消费者个人信息保护义务。

履行环境保护义务,是指电子商务经营者在生产、销售、运输等整个电子商务流程中,要依照《环境保护法》《节约能源法》《循环经济促进法》《可再生能源法》《水法》《水污染防治法》《海洋环境保护法》《大气污染防治法》《森林法》《野生动物保护法》等文件的规定,履行保护和改善环境的义务,防治污染和其他公害,保障公众健康,推进生态文明建设，促进经济社会可持续发展。

履行知识产权保护义务，是指电子商务经营者应当依照《专利法》《商标法》《著作权法》的规定，不得生产、销售侵害知识产权的商品以及提供侵害知识产权的服务。电子商务平台经营者应当建立知识产权保护规则，与知识产权权利人加强合作，共享信息，及时查找平台内存在的侵害知识产权的商品或者服务，并严格按照《电子商务法》以及其他法律法规的规定进行及时处置。

履行网络安全与个人信息保护义务，是指电子商务经营者应当依照法律、行政法规的规定和国家标准的强制性要求，采取技术措施和其他必要措施，保障网络安全、稳定运行，有效应对网络安全事件，防范网络违法犯罪活动，维护网络数据的完整性、保密性和可用性。同时，电子商务经营者应当建立健全用户信息保护制度，收集、使用个人信息应当遵循合法、正当、必要的原则，公开收集、使用规则，明示收集、使用信息的目的、方式和范围，并经被收集者同意；对其收集的用户信息严格保密，采取技术措施和其他必要措施，确保其收集的个人信息安全，防止信息泄露、毁损、丢失。不得泄露、篡改、毁损其收集的个人信息，对用户更正、删除其个人信息的合法请求，应当采取措施予以删除或者更正。

承担产品和服务质量责任，是指电子商务经营者不得以不合格产品冒充合格产品。所售商品应当符合下列要求：(1)不存在危及人身、财产安全的不合理的危险，有保障人体健康和人身、财产安全的国家标准、行业标准的，应当符合该标准；(2)具备产品应当具备的使用性能，但对产品存在使用性能的瑕疵作出说明的除外；(3)符合在产品或者其包装上注明采用的产品标准，符合以产品说明、实物样品等方式表明的质量状况。由于销售者的过错使产品存在缺陷，造成人身、他人财产损害的，销售者应当承担赔偿责任。销售者不能指明缺陷产品的生产者，也不能指明缺陷产品的供货者的，销售者应当承担赔偿责任。

第六条 【电子商务发展促进与监督管理】国务院有关部门按照职责分工负责电子商务发展促进、监督管理等工作。县级以上地方各级人民政府可以根据本行政区域的实际情况，确定本行政区域内电子商务的部门职责划分。

第七条 【电子商务的协同管理与市场共治】国家建立符合电子商务特点的协同管理体系，推动形成有关部门、电子商务行业组织、电子商务经营者、消费者等共同参与的电子商务市场治理体系。

条文注释

1. 电子商务协同管理体系

电子商务协同管理体系，是指国家针对电子商务发展面临管理方式不适应、诚信体系不健全、市场秩序不规范等问题，统筹建设适应电子商务发展需求的软硬环境，协调推进国内电子商务产业发展及其国际化进程，在促进电子商务发展部际综合协调工作组的统筹下，加强国家各部门之间，各部门与各地地方政府、电子商务示范城市的协调，在完善顶层设计的基础上，根据各有关部门和地方职责分工，共同推进电子商务健康发展。

2. 共管共治

共管共治是互联网治理理念在电子商务领域的具体体现。互联网治理的基本原则是多方共治。电子商务治理需要自律与监督相结合，通过经营者、行业自律和政府部门及社会监督形成合力，让市场机制和利益导向共同生效，进而形成政府部门、行业协会、经营者和消费者合力的社会共治格局，可以更加有效地提高对电子商务市场的监管和治理效率，降低行政管理成本，具体而言：

(1)加强各级政府部门、行业协会与各类电子商务企业、研究院所等社会团体的合作，共同开展电子商务理论研究、技术攻关、模式创新等工作。

(2)政府有关部门依照其职责对电子商务市场进行监管，惩治电子商务违法行为，维护电子商务市场秩序。

(3)电子商务行业组织依照其章程提供服务并约束其会员的行

为,加强行业自律,促进行业规范发展。

(4)电子商务经营者特别是电子商务平台经营者通过制定交易规则和信用管理制度,实现对电子商务交易当事人的管理和约束。

(5)消费者组织对消费者进行电子商务交易安全的宣传教育,并按照《消费者权益保护法》的规定维护电子商务消费者的合法权益。

第八条 【行业自律与规范】电子商务行业组织按照本组织章程开展行业自律,建立健全行业规范,推动行业诚信建设,监督、引导本行业经营者公平参与市场竞争。

条文注释

行业组织是经依法登记,具有法人资格的社会组织,包括各种协会和联盟等。电子商务行业组织应当履行行业自律职责,制定行业标准或者规范,指导和监督电子商务经营者依法生产和经营、公平竞争,保护消费者和商家的合法权益。建立行业内电子商务信用评价制度,推进电子商务信用评价的互联、互通和互认,参与和推动电子商务行业标准建设并组织实施,为会员提供信息、技术、管理、咨询等服务,向政府有关部门提供工作建议和意见。

行业自律是对政府行政管理体制的配合与补充,通过发挥电子商务行业组织的社会职能,推动企业与行业的自律和诚信建设,逐步形成政府监管、行业组织监督和引导、电子商务经营者自律、消费者监督等共同参与、协同共治的格局。

行业规范是指行业组织依法制定的章程、自律公约等自律规范,对其成员具有约束力。成员违反自律规范的,行业组织有权依照其章程和自律公约等进行处理。

第二章　电子商务经营者

第一节　一般规定

第九条　【电子商务经营主体定义与划分】本法所称电子商务经营者，是指通过互联网等信息网络从事销售商品或者提供服务的经营活动的自然人、法人和非法人组织，包括电子商务平台经营者、平台内经营者以及通过自建网站、其他网络服务销售商品或者提供服务的电子商务经营者。

本法所称电子商务平台经营者，是指在电子商务中为交易双方或者多方提供网络经营场所、交易撮合、信息发布等服务，供交易双方或者多方独立开展交易活动的法人或者非法人组织。

本法所称平台内经营者，是指通过电子商务平台销售商品或者提供服务的电子商务经营者。

条文注释

本条对电子商务经营者进行了两个层次的分类：一类是电子商务平台经营者；另一类是除电子商务平台经营者之外的其他电子商务经营者，包括自建网站经营者、平台内经营者、通过其他网络进行电子商务经营活动的经营者。电子商务平台经营者，是指在电子商务中为交易双方或者多方提供网络经营场所、交易撮合、信息发布等服务，供交易双方或者多方独立开展交易活动的法人或者非法人组织。其他电子商务经营者，是指除电子商务平台经营者以外，通过互联网等信息网络销售商品或者提供服务的经营活动的自然人、法人和非法人组织。

在这种分类体系之下，也可以说电子商务经营者有广义与狭义之分。广义的电子商务经营者包括所有类型的与电子商务活动有关的经营者,但这样的界定无法明确地区分电子商务经营者与电子商务平台经营者。为了将二者明确地区分开来,针对各自的特点予以规范,本章划分为两节,分别为“一般规定”与“电子商务平台经营者”。这样划分主要是考虑到电子商务经营者与电子商务平台经营者具有不同的特点,应该设置不同的具有针对性的法律规则。基于这一考虑,本条第2款专门对电子商务平台经营者作出定义。与电子商务平台经营者这种类型相适应,本条第3款专门对平台内经营者作出定义。这样的定义和分类方法有助于厘清各类电子商务经营者在规范模式以及权利义务配置上的侧重点。

一般意义上的电子商务经营者包含以下几个要素:(1)“通过互联网等信息网络”,这里的互联网应该作广义的理解,既包括各种类型的信息网络,也包括未来可能出现的其他形态的信息网络交互系统。(2)“销售商品或者提供服务”。(3)电子商务是一种“经营活动”。经营活动是以营利为目的,且持续进行的活动。经营活动区别于偶发性的在网络上销售商品或提供服务的非经营行为,并非所有通过网络销售商品或者提供服务的活动都构成经营活动,经营活动与非经营活动之间的界限,需要参考国家有关法律法规的规定。

自建网站经营者,是指自己搭建网站,然后在自建的网络上销售商品或者提供服务的经营者。自建网站经营者,除了在经营渠道和媒介上与传统商务活动经营者有所区别之外,并无其他差别。需要注意的是,现在很多企业建有自己的门户网站或者官方网站,在网站上介绍、宣传、推广自己的企业以及其生产的商品和提供的服务。如果只是建立这样的网站,并不通过这样的网站来实际销售商品或者提供服务,则不能被称为自建网站经营者。相关网站上对有关产品和服务的介绍,在通常的情况下不构成要约。但是如果内容明确具体,并且对相对人订立合同产生了实质性的影响,则应该构成合同的内容。

通过“其他网络服务销售商品或者提供服务的电子商务经营者”,既不是通过自己建立的独立网站来从事电子商务经营的电子商务平台经营者,也不是通过入驻电子商务平台来从事电子商务经营的平台内经营者,而是依托于其他本质上不是商业而是社交或者娱乐性质的网络平台来事实上从事电子商务活动的经营者。对于这类主体,主要依据其行为的性质,即是否持续地通过互联网等信息网络来从事销售商品或者提供服务的经营活动,来认定其是否具有电子商务经营者的身份。一旦认定其具有此种身份,《电子商务法》关于电子商务经营者的相关规定即应该予以适用。

电子商务平台经营者的最主要的内涵在于搭建网络交易平台,供他人独立开展交易活动,其自身并不直接介入交易活动之中去。正是在这个意义上,电子商务平台经营者通常被称为第三方平台。本条的定义中之所以没有出现"第三方平台"这个表述,是因为"平台"这个概念本身就已经包含了第三方的内涵。此外,需要注意的是,并不是说要成为一个法律意义上的电子商务平台,就必须提供所有这些服务,也并不是说,只要提供了这些服务就一定构成电子商务平台。

本条第3款所规定的平台内经营者,是指通过入驻他人搭建的电子商务平台,来从事销售商品或者提供服务的经营活动的经营者。平台内经营者与电子商务平台经营者之间的关系是通过服务协议建构起来的契约型关系。就此而言,二者之间的权利义务关系的调整主要依托于服务协议的约定。但是电子商务平台这种组织架构模式,也是一种新型的一体化组织形态,电子商务平台经营者会借助搜索排名、信用评价、算法控制、内部惩戒、服务协议等各种手段对平台内经营者施加影响,进行事实上的类似于纵向一体化的管理控制。

在理解和适用本条规定的时候,还需要注意区分电子商务平台经营者与其他形态的经营者,特别是互联网广告经营者的界限。现在不少门户网站,在新闻资讯、分享视频之下提供链接,用户点击链接之后,即可以进入某个网站购买商品或服务。在这种商业模式之下,可以说门户网站提供的是一种互联网广告服务,对于具体发生交易的网站,则可以根据具体情况,分析其是自建网站经营者还是平台内经营者。

从法律属性上看，App本身仍然是一种特殊形式的自建网站。所以利用自建的App从事电子商务活动的，应该界定为自建网站经营者。但是如果是利用嵌套型小程序来从事电子商务活动，那么小程序的基础架构的提供者应该被视为电子商务平台，承担相应的法律责任。

第十条　【电子商务经营者应办理市场主体登记】电子商务经营者应当依法办理市场主体登记。但是，个人销售自产农副产品、家庭手工业产品，个人利用自己的技能从事依法无须取得许可的便民劳务活动和零星小额交易活动，以及依照法律、行政法规不需要进行登记的除外。

条文注释

电子商务经营者与普通经营者一样，在从事经营行为时，应当办理相应的市场主体登记，这是经营者必须履行的基本义务，并不因为其某种商业活动系通过网络进行，就可以得到豁免。本条也规定了电子商务经营者市场主体登记豁免的情形，具体如下：(1)个人销售自产农副产品、家庭手工业产品；(2)个人利用自己的技能从事依法无须取得许可的便民劳务活动和零星小额交易活动；(3)依照法律、行政法规不需要进行市场主体登记的。需要强调的是，根据本条的规定，上述这些可被登记豁免的活动必须是通过互联网等信息网络来进行，才不需要进行市场主体登记。

第十一条　【依法履行纳税义务与办理纳税登记】电子商务经营者应当依法履行纳税义务，并依法享受税收优惠。

依照前条规定不需要办理市场主体登记的电子商务经营者在首次纳税义务发生后，应当依照税收征收管理法律、行政法规的规定申请办理税务登记，并如实申报纳税。

条文注释

本条第1款规定了电子商务经营者的纳税义务。由于电子商务经营者从事的是经营活动,根据国家有关税收的法律规定,其必须承担纳税义务。这种纳税义务与从事线下传统经营活动的经营者的纳税义务是一致的。至于电子商务经营者具体需要缴纳的税的类型和税率,基于税收法定原则,应该适用《税收征收管理法》及其实施细则的相关规定。电子商务经营主体在依法纳税的同时,依法有权享受国家规定的税收优惠政策。

本条第2款规定了不需要办理市场主体登记的电子商务经营者的纳税义务。对于不需要进行市场主体登记的电子商务经营者,如果其营业额达到首次纳税义务的基准,应当办理税务登记。在这种情况下,相关的经营主体虽然没有进行市场主体登记,但也应当如实申报纳税。至于相关的税种与税率,则应当根据我国有关税收征管的法律规定予以确定。

第十二条　【电子商务经营者依法取得行政许可】电子商务经营者从事经营活动,依法需要取得相关行政许可的,应当依法取得行政许可。

条文注释

本条要求电子商务经营者依法从事经营活动。针对特定商品的销售与服务的提供,依照法律规定是需要获得特别的许可的,那么通过网络进行的该类特定商品的销售或服务的提供行为同样需要获得行政许可。线下经营获得的许可,原则上可以延伸到线上经营,除非法律对此有特别的规定。

这一规定主要是为了解决在涉及特殊行业的经营时,相关的行政监管与许可的线上线下一致性问题。总的来说,应该维持线上线下的规范和管理措施的一致性,避免形成监管上的落差,从而产生规避现象。对于特定的经营活动,如果在线下需要获得许可,相应的要求应该自动地延伸到线上。但需要明确的是,这里所说的行政许可并不是指与电子商务这种经营形式相联系的许可。换言之,某一经营主体如果就某一特殊行业的营业活动已经获得行政许可,那么其利用互联网等信息网络从事相关的经营活动时,除非法律有特殊规定，该主体并不需要再获得一个针对网络经营方式的单独的行政许可。

适用要点

现实生活中出现的所谓“大门票”与“小门票”的现象，也就是一个普通的许可，套着另外一个针对通过电子商务方式进行经营的许可的情况，原则上应该予以避免，除非法律对此有明确具体的规定和要求。举例来说，传统的提供餐饮服务的企业，根据现行有效的《食品经营许可管理办法》的规定，需要事先依法取得食品经营许可。如果相关的饭店，通过网络来提供餐饮外卖服务，那么不需要额外获得一个针对通过网络提供餐饮经营的许可证。但是如果相关的企业此前并没有获得食品经营许可证，而是直接通过网络来提供餐饮外卖服务，那么就必须获得食品经营许可证，才可以从事相关的经营行为。

但是如果相关的经营行为从线下走到线上会产生一些特殊的问题，那么上面所论述的一个许可证贯穿线上与线下的原则就不再适用。例如，我国先前的法律规定了从事药品销售需要有相应的资质和许可。如果药店试图通过互联网来销售药品，还需要获取互联网药品交易服务资格证和互联网药品信息服务资格证。之所以有这样的特殊要求，主要与药品销售这种行为本身的特殊性相关。

第十三条　【不得从事法律禁止的商品或者服务交易】电子商务经营者销售的商品或者提供的服务应当符合保障人身、财产安全的要求和环境保护要求，不得销售或者提供法律、行政法规禁止交易的商品或者服务。

条文注释

从内容上看，本条主要涉及以下几个层面的内容。(1)安全性要求。这里所说的安全性，是指电子商务经营者销售的商品或者提供的服务不得存在可能危害消费者人身和财产安全的缺陷。传统的线下经营者需要遵守的《产品质量法》等法律所涉及的安全性规定，对于电子商务经营者而言，同样适用。如果产品不符合相关安全性的要求,电子商务经营者需要采取《产品质量法》等法律规定的召回等措施,以避免发生产品质量责任。如果相应的商品或服务导致消费者的人身、财产受到损害,电子商务经营者需要承担相应的产品责任和其他法律责任。(2)绿色性要求。这里说的绿色性要求,是指电子商务经营者销售的商品或者提供的服务应当符合环境保护的要求,对于那些违反环境保护法律法规要求的、有害于环境的物品,电子商务经营者不得提供。(3)合法性要求。这里说的合法性要求,是指电子商务经营者不得销售或者提供法律、行政法规禁止交易的商品或者服务。

在实践中,对于前述合法性要求,存在以下两个问题。第一个问题是,国家对何种物品禁止或者限制在网络上进行销售并没有一个清晰的目录,执法者往往在出现问题之后,倒过来追究电子商务经营者的责任,可能使后者感觉无所适从。为此,必须建构一个良好的信息沟通机制,使主管机构及时将某些应该被禁止或者限制在网络上销售的物品名录,反馈给电子商务平台经营者,并且通过电子商务平台经营者通知到每一个平台内经营者。第二个问题是,某种未被列入禁止或限制销售名单的物品,可能后续被加工或者组装成为一个违法的物品,例如,在网络上销售钢管完全是合法的,但是该种钢管很可能被用来作为私自制造的枪支的枪管。在这种情况下,钢管的销售行为究竟是否合法,销售者是否应该对后续的不合法的加工、使用行为承担责任?应该说,对于这一问题,电子商务经营者不应该承担过重的责任,至少不能认为其违反本条的规定。但是电子商务经营者有义务保留好相应的交易数据,在后续的调查中,予以积极的配合。如果电子商务经营者知道或者应当知道自己销售的商品或者提供的服务,在后续的环节上存在违法的情形,也有进行举报的法律义务,揭发存在的违法犯罪行为。

第十四条　【电子发票与纸质发票具有同等法律效力】电子商务经营者销售商品或者提供服务应当依法出具纸质发票或者电子发票等购货凭证或者服务单据。电子发票与纸质发票具有同等法律效力。

条文注释

在传统的线下交易中，经营者和消费者通常在经营者的固定或临时经营场所发生交易行为，经营者一般以纸质的方式出具消费凭证，消费者可在交易完成后即时获得交易凭证。但在电子商务交易环境中，经营者和消费者的交易行为以虚拟化的方式发生，消费者一般很难在交易完成后及时取得交易凭证。这种情况下，必须对电子商务交易过程中电子商务经营者出具消费凭证的义务作出具有针对性的规定。

本条旨在鼓励电子商务经营者提供电子化的购货凭证或者服务单据，这是本法的一个重要的制度发展。

本条第一句是从电子商务的角度，对电子商务经营者在销售商品或者提供服务时出具购物凭证或者服务单据的义务的确认。这种义务是经营者的从给付义务，既是合同义务也是法定义务。如果经营者不履行此种义务，相对人可以主张同时履行抗辩权，从而中止自己一方的对待给付义务的履行。

本条第二句确认了纸质发票与电子发票具有同等的法律效力。这里说的同等效力，主要是指电子发票可以同纸质发票一样被视为有效的交易证据和财务账册资料。任何人和机构不得仅以发票的形式是电子发票为由，否认发票的效力。

需要注意的是，电子商务经营者提供电子发票的，应当视为已经履行开具发票的从给付义务。相对人在没有正当理由的情况下，不得拒绝接受以电子发票方式提供的发票。但是如果相对人有正当的理由，如自己所在单位尚不具备接受电子发票作为报销凭证的现实条件，或者电子形式的发票对于自己一方的权利的行使、主张和证明存在明显不便，可以要求电子商务经营者出具纸质发票，在这种情况下，电子商务经营者不得拒绝，这也体现了对相对人的合理正当权益的保护。

关联法规

《消费者权益保护法》第22条

第十五条　【电子商务经营者的“亮照经营”义务】电子商务经营者应当在其首页显著位置，持续公示营业执照信息、与其经营业务有关的行政许可信息、属于依照本法第十条规定的不需要办理市场主体登记情形等信息，或者上述信息的链接标识。

前款规定的信息发生变更的，电子商务经营者应当及时更新公示信息。

条文注释

经营者公示经营主体身份和资质、资格有关的信息，是其需要承担的一种公法上的义务，即“亮照经营”义务。

经营者公示其营业执照的义务主要具有信息披露的功能，这一义务在网络时代仍然有存在的必要性。另外，由于本条明确规定可以通过公示具有替代性的链接标识来履行这一义务，说明立法者已经注意到网页资源的有效利用问题。需要注意的是，相关链接必须是有效的链接，点击相关链接能够直接跳转到载有电子商务经营者营业执照信息的网络页面。这就是所谓的链接替代。如果有链接，但是点击之后无法打开，或者无法正常显示，那么不能认为履行了相应的公示义务。

本条提到的“属于依照本法第十条规定的不需要办理市场主体登记情形”，应该理解为一种电子商务经营者对自身属性的声明。换言之，如果根据本法规定，电子商务经营者属于不需要进行市场主体登记的类型，其应该在网页上的相关位置说明自己的具体属性，例如，电子商务经营者声明自己属于自然人销售自产农副产品，因此根据国家法律属于不需要进行市场主体登记的类型。此类型的声明也需要明确作出。

此外，如果营业执照上载明的信息或者有关的行政许可的信息发生变更，电子商务经营者应当及时变更公示，以使登记信息与实际公示的信息状态相吻合。如果相关的电子商务经营者在公示其营业执照信息的问题上不遵守相关的规定，应当承担本法以及相关法律规定的责任。

关联法规

《市场主体登记管理条例》第48条

第十六条 【电子商务经营者自行终止业务的信息公示义务】电子商务经营者自行终止从事电子商务的,应当提前三十日在首页显著位置持续公示有关信息。

条文注释

本条规定了电子商务经营者在退出经营时的程序性要求。本条所说的电子商务经营者,一般主要是指除电子商务平台经营者之外的其他各种类型的经营者。对电子商务平台经营者而言,由于其停止提供平台服务涉及大量入驻其平台的平台内经营者的权益保护问题,以及大量平台上的注册用户的权益保护问题,所以,对于电子商务平台经营者的退出,需要遵循更加严格的要求,在时间上更要提前将相关消息予以公示,便于其他相关主体做出安排。

本条规定,电子商务经营者必须提前30日就其即将终止从事电子商务的事实进行公告,并且这种公告必须是持续性的,持续到最终停止从事电子商务活动之时。这主要是为了保护潜在的交易相对人的权益,避免不必要的纠纷。

适用要点

从具体的理解与适用的角度看,需要注意以下几点因素。(1)本条规定的是电子商务经营者自行终止从事电子商务,而非因为其他原因终止。如果是因为从事违法行为被依法取缔,或者是因为违反电子商务平台经营者确定的规则而被强制性的关店,那么就不适用本条的规定。(2)电子商务经营者是终止从事电子商务活动,而非暂时停止。(3)电子商务经营者终止的是电子商务活动,而非终止其从事的一切经营活动。事实上,很多经营者既从事线上的电子商务经营行为,也同时从事线下的传统意义上的经营行为,相关经营者终止线上的经营行为,并不意味着其也同时终止线下的经营行为。在这种情况下,本条只针对线上的电子商务经营行为。(4)电子商务经营者应该在首页显著位置公示相关信息,相关的公示方法也以显著、醒目能够使相对人容易注意到作为基本的要求。(5)相关信息的公示必须是持续性的,而非只是在一个时间段中公示,应持续到相关的主体实际停止从事电子商务经营活动之日。(6)公示至少提前30日,该期间从最初开始公示之时起算。

关联法规

《第三方电子商务交易平台服务规范》第5、9条,《网络交易监督管理办法》第23、31条

第十七条 【全面、真实、准确、及时地披露商品、服务信息】电子商务经营者应当全面、真实、准确、及时地披露商品或者服务信息,保障消费者的知情权和选择权。电子商务经营者不得以虚构交易、编造用户评价等方式进行虚假或者引人误解的商业宣传,欺骗、误导消费者。

条文注释

1. 电子商务经营者对商品或服务信息的披露义务

本条规定的"全面",是指以下三类信息都得披露:(1)保证消费者在选择购买商品或接受服务时做出正确判断所需要知悉的所有信息,包括商品的基本技术数据、成分、性能、功效、特点、不适用人群、有害成分或者服务范围、限定事项、除外事项等;(2)保证消费者正确使用商品或接受服务所应当知悉的所有信息,包括商品的使用方法、注意事项以及接受服务过程中的注意事项等;(3)与交易有关的其他信息,如支付方式、交付方式、售后服务、是否适用"七日无理由退货"的规定等。

本条规定的"真实",包括两方面含义:(1)所披露信息不得有歪曲事实、虚假或者引人误解等内容;(2)所披露信息要与客观事实相符,能够反映商品或者服务的客观、实际情况。

本条规定的"准确",包括两层含义:(1)表达范围要确切,既不能超出商品或服务的客观范围,也不能缩小客观范围,更不能夸大或者虚构性能、功效、效果等;(2)表达的语言要确切,要使用普通消费者能够正确理解的语言,不可以用模糊性语言或者容易使人产生

误解、歧义的语言。

本条规定的"及时"，要求电子商务经营者在展示、推介商品或者服务时，应当同时按照法律规定披露商品或者服务的各种信息。如果相关的商品或者服务信息发生变化，应当立即无迟延地补充或者更改相关的信息。

2. 保障消费者的知情权和选择权

电子商务经营者应当尊重和保障消费者的知情权，具体包括以下两个方面：(1)《电子商务法》中规定的消费者的知情权，当然包括《消费者权益保护法》第8条规定的消费者有知悉其购买、使用的商品或者接受的服务的真实情况的权利。消费者有权根据商品或者服务的不同情况，要求经营者提供商品的价格、产地、生产者、用途、性能、规格、等级、主要成分、生产日期、有效期限、检验合格证明、使用方法说明书、售后服务，或者服务的内容、规格、费用等有关情况。(2)电子商务活动是通过互联网等信息网络进行的交易，存在很多与传统交易活动不同的情况，针对这些新情况，消费者的知情权也需要给予特别保护。例如，消费者有权知悉交易规则、电子合同、电子支付、在线交付、是否适用"七日无理由退货"的规定等。

电子商务经营者应当保障的消费者选择权，亦可称为消费者自主选择权，其是指消费者有权自主选择提供商品或者服务的经营者，自主选择商品品种或者服务方式，自主决定购买或者不购买任何一种商品、接受或者不接受任何一项服务。在电子商务活动中，消费者的自主选择权，至少包括以下几个方面：(1)有权自主选择交易的电子商务平台；(2)有权自主选择交易的平台内经营者；(3)有权对商品和服务进行比较、鉴别和挑选；(4)有权自主选择商品品种或者服务方式；(5)有权自主决定是否购买商品或者接受服务；(6)有权拒绝被搭售的商品或者服务；(7)有权拒绝技术手段或者其他方式的干扰或限制。

另外，电子商务活动是多环节的交易过程，往往会有多个参与方（主体），因此对消费者权利的保护义务不应仅约束电子商务的经营者，电子商务相关主体在交易过程中也应当履行本条规定的信息披露义务，保障消费者的知情权和选择权。

3. 关于虚假或者引人误解的商业宣传

“虚构交易、编造用户评价”等行为，不仅是对消费者的欺诈和误导，也扰乱公平竞争的电子商务市场秩序。此类虚构销售状况、虚构使用商品或者接受服务的效果，以及其他以虚假或者引人误解的内容欺骗、误导消费者的行为，是典型的虚假宣传行为。

本条规定的“虚构交易”，是指电子商务活动参与方本无真实交易之目的，经过事前串通，订立了双方并不需要真正履行的电子商务合同，经营者以此达到增加销量、提高可信度、提升排名等目的。

本条规定的“编造用户评价”，是指没有交易事实或者违背事实作出用户评价，包括故意虚构事实，歪曲事实等作出的好评或者负面评价等不真实评价。

电子商务活动中的售假、以次充好的经营者，往往是通过虚构交易来“刷销量”，以及编造用户评价来“刷好评”等方式进行宣传和推广。本条对“虚构交易、编造用户评价”这类典型的欺诈、误导消费者的行为进行了明确禁止，同时本条对禁止行为作了开放性规定，即只要属于虚假或者引人误解的商业宣传，本法均加以禁止。这既是进一步对消费者知情权和选择权的保障，也是对电子商务市场环境的净化和维护。

关联法规

《消费者权益保护法》第8条，《广告法》第28条

第十八条　【不得通过定向搜索侵害消费者的知情权和选择权】 电子商务经营者根据消费者的兴趣爱好、消费习惯等特征向其提供商品或者服务的搜索结果的，应当同时向该消费者提供不针对其个人特征的选项，尊重和平等保护消费者合法权益。

电子商务经营者向消费者发送广告的，应当遵守《中华人民共和国广告法》的有关规定。

条文注释

随着大数据技术的发展，电子商务经营者可以基于自己过往收

集的数据，精确地对每个用户进行画像，根据消费者的兴趣爱好、消费习惯、消费能力向其推送相关的信息。在某些情况下，这种做法对消费者并不一定存在不利，因为商家推送的信息与消费者具有更高的相关性，可以节约消费者的信息收集成本。但在更多的情况下，由于平台内商品和服务的信息量巨大，再加上电子商务平台经营者提供的竞价排名服务，这种“精准”的信息推送可能会在事实上限制消费者的知情权与选择权。

为此，本条规定电子商务经营者（主要是指电子商务平台经营者）在提供搜索结果的时候，必须提供另外一个选项，该选项所展示的结果是不针对个人特征的自然搜索结果，任何人进行搜索都能得到相同的结果。通过这种方法来保障消费者的知情权与选择权。

随着数据画像技术的发展，电子商务经营者经常以各种方式对消费者投放精准的广告。这些广告投放行为，在有些情况下会对消费者的生活构成很大的困扰，因此本条第2款规定，电子商务经营者向消费者发送广告，应当遵守《广告法》的规定。

关联法规

《广告法》第44、62条

第十九条　【禁止搭售商品或者服务】电子商务经营者搭售商品或者服务，应当以显著方式提请消费者注意，不得将搭售商品或者服务作为默认同意的选项。

条文注释

考虑到电子商务活动的特殊性，将相关的商品或者服务在同一个页面上进行销售，是一种比较常见的商业模式，这本身也不能认为构成了严格意义上的搭售。但是当消费者购买某种产品或者服务的时候，电子商务经营者以隐秘的方式，将其他的商品或服务作为默认同意的选项提供给消费者，这就构成搭售行为，侵犯了消费者的知情权与选择权，应该予以制止。为了避免这种行为，本条提出以下两点要求：(1)电子商务经营者将相关商品与服务一并提供时，必须以显著方式提请消费者注意，保障消费者的知情权，这是电子商务经营者的提示通知义务。(2)不得将相关的商品或者服务作为默认同意的选项。是否一并购买相关商品或服务,应该由消费者主动勾选同意。

适用要点

在适用本条规定时需要注意的是,如果电子商务经营者违反本条的规定,以默认同意作为选项,欺骗消费者购买相关的商品或服务,消费者可以要求撤销相关部分的交易,返还多支付的款项。电子商务经营者为此还应当承担《消费者权益保护法》规定的欺诈消费者的法律责任。

第二十条　【电子商务经营者交付商品和服务的在途风险和责任】电子商务经营者应当按照承诺或者与消费者约定的方式、时限向消费者交付商品或者服务,并承担商品运输中的风险和责任。但是,消费者另行选择快递物流服务提供者的除外。

条文注释

本条是关于电子商务经营者履行电子商务合同交付义务及商品运输中风险和责任承担的规定。

1. 电子商务合同交付

电子商务交易的标的物通常是实物商品、数字产品、服务等。电子商务交易与传统实物交易相比,存在时间、空间上的非同步性。电子商务交易的买方通过信息网络接收卖方商品的基本信息,在交易过程中,买卖双方将对具体的交付方式、时限、地点等合同核心条款达成一致。电子商务中实物商品的交付方式较常见的是快递物流送达,还有上门自提等;交付时限则包括了发货时间和商品运输在途时间;交付地点大多为买方所在地指定地点。按照意思自治原则,电子商务经营者对交付事项有承诺,买方均接受的,按照合同履行交付。

交付是完成电子商务交易的关键环节,随着科技的不断发展,未来可能产生新的交付方式,影响对交付时间等问题的认定。对此,本法赋予当事人以自由约定的权利,既维护平等民事主体之间真实意思表示,又为电子商务科学技术的发展留有空间。

2. 电子商务商品的运输风险和责任承担

通常情况下，电子商务经营者与特定的快递物流服务提供者建立了长期的投递运输合作关系。为加强商品在物流环节的管理，双方往往合作搭建快递物流数据信息系统，实现商品全流程可查询可追踪，保障消费者的知情权。以快递形式投递运输为例，经营快递业务的企业受电子商务经营者委托，长期、批量提供快递服务，双方需要签订安全协议明确商品快件的安全保障义务。电子商务经营者委托快递物流企业对实物商品进行投递运输时，实物商品在投递运输过程中的所有权还在电子商务经营者的控制之下，由电子商务经营者承担运输过程中的风险和责任。

3. 运输风险的转移

根据本条的规定，由电子商务经营者指定的快递物流服务提供者完成实物商品投递运输的，商品在途的风险和责任由电子商务经营者承担。由消费者指定其他快递物流服务提供者完成实物商品投递运输的情况下，电子商务经营者不得拒绝，但可以要求消费者补偿合理的运费差价，或者采取收货时支付运费的方式。此种情况下，商品在运输过程中的所有权在消费者控制之下，由消费者承担运输中的风险和责任，但是电子商务经营者在商品发货阶段应当承担的义务不被免除。

这样规定保障了消费者对快递物流服务提供者的选择权，消费者可以根据自己的实际情况选择服务项目、服务质量和更符合自身个性化需求的快递物流服务提供者。同时，这样规定也考虑到电子商务经营者的责任和义务，能更合理认定运输风险和责任。

第二十一条 【电子商务经营者收取和退还押金】电子商务经营者按照约定向消费者收取押金的，应当明示押金退还的方式、程序，不得对押金退还设置不合理条件。消费者申请退还押金，符合押金退还条件的，电子商务经营者应当及时退还。

条文注释

本条规定的“押金”是电子商务经营者按照合同约定向消费者

收取的,作为担保消费者履行合同义务(该义务在不同类型的合同中表现为不同的形态,如在网络租车的情况下,是消费者归还租赁车辆的义务)的一定金额的货币。消费者未违反法定或者约定义务,在约定期限到来时或者约定条件成就时,消费者有权要求电子商务经营者退还押金;消费者未履行法定或者约定义务,需要给付费用或者承担赔偿责任时,电子商务经营者有权从押金中优先扣除或受偿。

押金具有担保性质,属于履约保证金,但其如何存管和被有效监管,其是否属于企业财产,企业是否可以自行支配和使用,目前没有统一和明确的法律规定。电子商务经营者(运营企业)向消费者收取押金并非根据法律的规定,而是由运营企业单方决定,押金额度、退还方式和程序等也是由运营企业自行决定和制定。

电子商务经营者有权按照约定向消费者收取押金,其对消费者的押金的收取和退还方式、程序,安全保管,依约及时退还等方面也有义务制定公平合理的规则,并明确公示。电子商务经营者的义务至少包括以下几方面:(1)明示押金退还的方式和程序。本条规定的"押金退还的方式、程序",包括押金的退还形式、方法、流程和时限等方面。(2)设定合理的押金退还条件。本条规定的"不得对押金退还设置不合理条件",是指电子商务经营者在押金退还规则和程序中,应当设定明确、具体、可行的退款规则和条件,不得预设不合理的障碍或者变相阻碍消费者退款的条件。(3)设置快速便捷的押金退还程序。(4)依照消费者申请及时退还押金。本条规定的"符合押金退还条件",是指符合法律规定或者电子商务经营者与消费者约定的退款条件。

消费者要求退还押金时,符合退还条件的,电子商务经营者应当在扣除相关未结清费用、商品损失费用及其他约定费用后,及时将剩余押金退还消费者。电子商务经营者退还押金时扣除的费用,应当仅为按照法律规定或者约定而确定的应当由消费者支付的费用,电子商务经营者不得自行增加费用项目。

第二十二条 【电子商务经营者不得滥用市场支配地位】电子商务经营者因其技术优势、用户数量、对相关行业的控制能力以及其他经营者对该电子商务经营者在交易上的依赖程度等因素而具有市场支配地位的,不得滥用市场支配地位,排除、限制竞争。

条文注释

本条是关于从事电子商务活动的电子商务经营者滥用市场支配地位,排除、限制竞争行为的禁止条款。企业通过合法手段在激烈的市场竞争中获胜,最终取得市场支配地位并不为本条所禁止。但如果企业滥用市场支配地位则可能对市场秩序造成损害,则需要法律对其加以规制。判断电子商务经营者是否具有市场支配地位,主要根据以下几点:

(1)技术优势。在相关市场内,技术优势能够给经营者带来巨大的竞争优势,尤其是在数字经济时代,经营者之间的竞争在很大程度上与技术的竞争密不可分。如果经营者率先掌握了该领域的先进技术,即使该经营者并未占有较大的市场份额,也可能在相关市场占据支配地位。通过考察经营者的技术条件,可以判断其在相关市场是否具有市场支配地位。

(2)用户数量。在电子商务领域,用户数量主要表现为电子商务经营者的市场份额,即在一定时期内电子商务经营者的特定商品销售额、销售数量等指标在相关市场内所占的比重。市场份额可以有很多表现,一般主要是由具体的营业额、销售量等来判断。用户数量和市场份额并不是直接挂钩的,其有很多的不确定性,但是它可以作为一个市场份额的参考指标,不同的行业地域背景下的数量标准体系也是不同的。因此,事实上该指标一直可以作为参考,但很少可以作为一个单独直接的判断标准,一定要确定时间维度并结合具体的地域、行业等背景谨慎判断。

(3)对相关行业的控制能力。经营者在相关市场内具有能够控制商品价格、数量或者其他交易条件的能力,或者具有能够阻碍、影响其他经营者进入相关市场的市场地位,通常可以认定该经营者具有对相关行业的控制能力。

(4)其他经营者对该电子商务经营者在交易上的依赖程度。从供求关系角度而言,经营者之间在市场交易中形成的依赖性,也可能使某个经营者较其他经营者具有市场支配地位。依赖性表现在产品、特定经营者等方面。一般而言,如果一个经营者与其上下游的经营者之间的联系越密切,那么该经营者在相关市场中的竞争优势就越明显。

适用要点

判断电子商务经营者是否滥用市场支配地位,主要涉及以下三点:一是界定相关市场;二是该电子商务经营者是否具有市场支配地位;三是是否构成《反垄断法》所禁止的滥用市场支配地位行为。本条主要阐释了电子商务经营者是否具有市场支配地位的判断标准。

界定相关市场的直接目的是将竞争者识别出来,然后考察其力量对比状况,并认定涉嫌当事人有无支配地位。在传统产业中,这一考察的首要指标是当事人的市场份额,即当事人的销售额与相关市场上全体经营者(包括当事人自身)的销售额总和的比值,为保证这一算式中分母的准确性,应尽可能将所有的竞争者识别出来,因此相关市场的界定需要十分精确。《反垄断法》通过规定市场结构标准以及其他相关因素来认定市场支配地位。传统行业中业已形成一套普遍认可的认定标准,但在电子商务领域,却因市场支配地位的形成具有特殊性而陷入认定困境。

认定市场支配地位时必须根据案件具体情况来确定市场份额。在电子商务领域,由于相关商业模式的技术性、双边市场的特殊性、互联网环境下竞争的高度动态性等特征,市场份额只是判断市场支配地位的一项依据,仅依据市场份额可能会造成误判。在此情况下,脱离市场份额的单一指示作用,市场是否进入壁垒、用户对竞争行为的反应等均应纳入考量。

即便电子商务经营者已经被证明具有市场支配地位,法律本身并不禁止支配地位的存在,而是禁止其滥用市场支配地位,排除、限制竞争的行为。但市场支配地位的存在本就表明相关市场上已不存在有效的竞争压力，如果电子商务经营者的行为对竞争产生进一步的排除与限制效果，则其行为一般具有高度的可疑性与危险性，必须对其进行审查，如果其无法提出合理的理由，应对其予以规制。尽管本法并未列明具体的滥用市场支配地位的类型行为，但是依据特殊法与一般法之间的关系，可以直接适用《反垄断法》中的相关规定，如垄断价格、强制交易、搭售、差别待遇以及其他滥用市场支配地位的行为的规定。同时，电子商务经营者可以根据《反垄断法》进行抗辩，执法机关和司法机关也可以根据《反垄断法》来分析竞争效果。

第二十三条 【电子商务经营者的个人信息保护义务】电子商务经营者收集、使用其用户的个人信息，应当遵守法律、行政法规有关个人信息保护的规定。

条文注释

本条是电子商务经营者收集、使用个人信息的原则性规定。我国相关法律法规明确了个人信息收集、存储和利用的基本规则，电子商务经营者在收集和使用其用户的个人信息时，应遵守相关法律法规的规定。

关联法规

《个人信息保护法》，《刑法》第253条，《网络安全法》第40～45条，《民法典》第1032～1039条，《消费者权益保护法》第14、29、50、56条，《快递暂行条例》第34、44条，《全国人民代表大会常务委员会关于加强网络信息保护的决定》，《最高人民法院、最高人民检察院关于办理侵犯公民个人信息刑事案件适用法律若干问题的解释》第3条

第二十四条　【用户信息的查询、更正、删除等】电子商务经营者应当明示用户信息查询、更正、删除以及用户注销的方式、程序，不得对用户信息查询、更正、删除以及用户注销设置不合理条件。

电子商务经营者收到用户信息查询或者更正、删除的申请的，应当在核实身份后及时提供查询或者更正、删除用户信息。用户注销的，电子商务经营者应当立即删除该用户的信息；依照法律、行政法规的规定或者双方约定保存的，依照其规定。

条文注释

本条赋予信息主体查询权与更正补充请求权和删除权，以保证电子商务交易信息完整、正确与最新。

1. 查询权与更正补充请求权

信息主体有权向信息管理者查询其个人信息被收集、处理和利用的情况。收集人在收到查询通知后，应及时答复，这里的"及时"以5个工作日为宜，有正当理由时可适当延长，但应当将理由告知查询人；当信息主体发现电子商务交易信息错误、过时或不完整时，有权请求收集人更正、更新或补充。

需要注意的是，存在以下情形时，不得行使查询权：(1)接受查询可能危及公共部门履行职责的；(2)接受查询可能危及公共安全或公共秩序的；(3)接受查询可能危及他人重大利益的。存在以下情形时，不得行使更正请求权：(1)电子商务交易信息因时间推移而造成不正确时，考虑到原始信息（历史信息）的正确性，将视信息主体行使更正权是否具有正当性而确定其更正权；(2)如果信息涉及价值判断，鉴于价值判断的主观性，该信息不应当成为更正请求权行使的对象；(3)对于鉴定报告之说明、说明书等，信息主体不得行使更正请求权。

2. 删除权

删除权是个人信息控制权的重要内容。删除权保护的是自然人个人的人格，是防止个人信息被无休止地利用、保障权利人自由控制个人信息的有效手段。作为权利客体的个人信息具有特殊性，其被他人收集和利用后,权利人无法通过物理手段控制自己的个人信息,只能通过法定或约定的义务约束收集人。显而易见,义务手段远不如物理措施有效。此外,个人在实践中很难确定信息泄露源和恰当的诉讼对象。为恢复权利人对个人信息的控制,降低个人信息被滥用的风险,权利人可以选择“遗忘”网上行为数据,即删除权。

存在以下情形之一,权利人可以要求存储人删除其个人信息:(1)个人信息控制者违反法律法规规定,收集、使用个人信息的;(2)个人信息控制者违反了与个人信息主体的约定,收集、使用个人信息的;(3)个人信息控制者违反法律法规规定或违反与个人信息主体的约定向第三方共享、转让个人信息,且个人信息主体要求删除的,个人信息控制者应立即停止共享、转让的行为,并通知第三方及时删除;(4)个人信息控制者违反法律法规规定或与个人信息主体的约定,公开披露个人信息,且个人信息主体要求删除的,个人信息控制者应立即停止公开披露的行为,并发布通知要求相关接收方删除相应的信息;(5)用户注销账号时,个人信息控制者不再具有存储和处理个人信息的基础,个人信息控制者应在用户注销账号的同时删除用户的个人信息。

权利人原则上可随时请求存储人删除其个人信息,但存在以下例外:(1)基于证据保存的需要;(2)基于维护权利人基本权利的需要;(3)基于维护公共利益的需要;(4)基于与用户的约定。个人信息控制者与用户的约定往往是以格式合同的形式呈现,因此该约定不得违反《民法典》有关格式条款的强制性规定。

第二十五条 【电子商务数据信息提供义务与安全保护】有关主管部门依照法律、行政法规的规定要求电子商务经营者提供有关电子商务数据信息的,电子商务经营者应当提供。有关主管部门应当采取必要措施保护电子商务经营者提供的数据信息的安全,并对其中的个人信息、隐私和商业秘密严格保密,不得泄露、出售或者非法向他人提供。

条文注释

1. 电子商务数据信息提供义务

基于市场监管和保护消费者的需要，有关主管部门有权要求电子商务经营者提供相关电子商务交易数据信息。这里的“有关主管部门”包括国家发展和改革委员会、工业和信息化部、公安部、财政部、交通运输部、商务部、文化和旅游部、中国人民银行、国家市场监督管理总局、国家互联网信息办公室、国家税务总局、海关总署、国家邮政局等部门。此处的“电子商务经营者”包括电子商务平台经营者、平台内经营者以及不依赖于电子商务平台独立开展电子商务交易的经营者。电子商务数据信息，是指基于电子商务活动产生的交易数据和个人信息，包括经营者身份信息、经营者资质信息、商品或者服务信息、交易记录、消费者个人信息等。例如，电子商务平台经营者应当积极协助市场监管部门查处网上违法经营行为，提供在其平台内涉嫌违法经营的经营者的登记信息、交易数据等资料。此外，电子商务平台内出现传播暴力、淫秽色情的商品或者服务信息，或者出现侵害知识产权的商品信息，公安、网信或者知识产权保护部门依法要求电子商务平台经营者提供电子商务经营者的身份信息、违法商品或者服务信息的，电子商务平台经营者应当提供。

2. 保密义务

有关主管部门作为收集人，与商业机构一样，同样负有保障电子商务数据信息安全的义务。经营者所提供的交易数据和个人信息关乎经营者和消费者的合法权益，如果发生泄露、丢失、毁损，有可能侵害经营者和消费者的商业秘密或其他合法权益。因此，有关主管部门在获取相关信息后，应采取必要的保护措施，防止其所获取的交易数据和个人信息发生泄露、丢失、毁损。此外，有关部门依法获取的电子商务数据信息，原则上只能用于电子商务监督管理的需要，除依法公开或者与其他部门共享外，不得出售或者非法向他人提供。

第二十六条 【跨境电子商务的法律适用】电子商务经营者从事跨境电子商务，应当遵守进出口监督管理的法律、行政法规和国家有关规定。

关联法规

《对外贸易法》第2、9条，《海关法》第9～11、24、35、36、47、85、86条，《电子商务法》第71、72条

第二节 电子商务平台经营者

第二十七条 【电子商务平台经营者对平台内经营者的身份和信息管理】电子商务平台经营者应当要求申请进入平台销售商品或者提供服务的经营者提交其身份、地址、联系方式、行政许可等真实信息，进行核验、登记，建立登记档案，并定期核验更新。

电子商务平台经营者为进入平台销售商品或者提供服务的非经营用户提供服务，应当遵守本节有关规定。

条文注释

本条分为两款，分别规定了电子商务平台经营者对于入驻平台的平台内经营者（经营性用户）以及非经营用户的主体身份信息的核验和登记义务。

根据本条第1款的规定，本条规定的平台核验义务在性质上接近于实质审查义务。本款要求，电子商务平台经营者必须确保经营者提供的相关信息是真实的信息，平台对于相关信息有核验的义务。核验的目的是确保相关信息的真实性。如果平台内经营者提供的相关信息是虚假的，相关证件是无效的，那么平台仍然应该承担《消费者权益保护法》第44条所规定的不真正连带责任。在实践中，一些自然人以虚假的身份证或者借用他人真实的身份证或者用非法购买的他人遗失或被盗的身份证开网店，对于这种情况，平台应该采取必要的措施，进行严格审查，避免相应的情况发生。如果因

为平台审核不严，导致相关主体权益受损，电子商务平台经营者应该承担相应的法律责任。

根据本条第 1 款的规定，电子商务平台经营者对于平台内经营者相关信息的持续的真实性，还需要承担定期核验更新的义务。这是因为平台内经营者的相关经营资质或者行政许可，往往带有时间限制。在入驻平台的那一时刻，平台内经营者的相关信息是真实有效的，并不意味着在经过了一定的时间以后，这些相关信息仍然是有效的。为了解决这一问题，本条第 1 款针对平台设立了定期核验、更新相关信息的义务。至于“定期”这一概念在实践中应该如何把握，这一期限是多久，应该视具体情况而定。随着平台技术能力的提升，在首次登记平台内经营者相关信息的时候，可以备注存在有效期的相关文件的到期情况。在期限届满之时，平台应该及时提醒平台内经营者对相关文件进行续期。

本条第 2 款规定的是对于进入平台销售商品或者提供服务的非经营用户，电子商务平台经营者同样应该遵守本节有关平台的义务性规定。非经营用户与经营性用户的区别主要在于非经营用户不是从事持续的营业行为。国家法律对于非经营用户确立了不同于经营性用户的管理制度，这主要体现在是否需要办理市场主体登记等相关问题上。即使是非经营用户，但其有销售商品或提供服务的行为，平台也应该对这些非经营用户的主体身份以及相应的行为的合法、合规性进行监督和管理，履行平台应该承担的义务。不能因为在平台上从事活动的是非经营用户，就可以减轻平台的责任。

适用要点

从理解与适用的角度，本条需要注意以下几个问题：(1)本条规定的是电子商务平台经营者对于进入平台从事经营活动的经营者和非经营用户的主体身份信息的收集义务。本条中提到身份、地址、联系方式等，这只是一种不完全的列举。如果相关的市场主体已经进行了市场主体登记，那么相应的信息应该包括营业执照中包含的企业名称，经营范围，住所，企业法定代表人的身份信息、联系方式等。如果相关的主体是自然人主体，那么主要是提供身份证载明的相关信息以及手机号码等联系方式。(2)本条提到的行政许可信息,主要是指在有关的行为需要获得许可才可以从事的情况下,电子商务平台经营者必须要求入驻者提供相应的行政许可文件。至于在平台上从事哪些行为需要事先获得行政许可,从合规的角度,电子商务平台经营者应该事先研判清楚,并且在服务协议中明确将获得相关行政许可作为开店的必不可少的前提条件。(3)本条所提到的登记档案,在性质上属于电子商务平台经营者的内部信息资料,包括政府机构在内的其他主体,在没有法定授权的情况下,不能要求电子商务平台经营者提供全量数据。(4)从法律责任的角度看,如果电子商务平台经营者没有履行相应的对平台内经营者和非经营用户的身份信息的核验、登记义务,除了需要承担不真正连带责任之外,还将承担行政法层面上的责任。

关联法规

《消费者权益保护法》第44条

第二十八条　【平台内经营者的身份信息和纳税信息报送】电子商务平台经营者应当按照规定向市场监督管理部门报送平台内经营者的身份信息,提示未办理市场主体登记的经营者依法办理登记,并配合市场监督管理部门,针对电子商务的特点,为应当办理市场主体登记的经营者办理登记提供便利。

电子商务平台经营者应当依照税收征收管理法律、行政法规的规定,向税务部门报送平台内经营者的身份信息和与纳税有关的信息,并应当提示依照本法第十条规定不需要办理市场主体登记的电子商务经营者依照本法第十一条第二款的规定办理税务登记。

条文注释

本条第1款规定的是电子商务平台经营者向市场监督管理部门报送平台内经营者的身份信息的义务。如果相关的平台内经营者属于已经办理市场主体登记的经营者,那么报送的内容主要限于相应的市场主体登记信息。如果有关的平台内经营者事前没有办理市场主体登记,平台根据其掌握的数据信息,特别是相关的平台内经营者的经营信息数据,识别出相应的经营者属于根据法律的规定,应当办理市场主体登记的经营者类型,那么电子商务平台经营者有义务提示相应的平台内经营者依法办理登记。如果不履行相应的提示义务,那么在性质上构成隐瞒相关的事实,需要承担相应的法律责任。

本条第1款还规定,电子商务平台经营者需要配合市场监督管理部门,针对电子商务的特点,为应当办理市场主体登记的经营者办理登记提供便利。这里所指的便利,主要是指协助提供相应的数据材料,提供相应的可以用来注册登记的虚拟经营场所,以及在可能的情况下,统一代为办理市场主体登记等其他便利。需要注意的是,这里特别强调了"针对电子商务的特点",这就意味着电子商务平台经营者的配合义务不能无限放大到代为办理所有事项。

本条第2款规定的是电子商务平台经营者向税务部门报送平台内经营者的身份信息以及与纳税有关的信息的义务。平台内经营者与线下的经营者一样需要承担纳税义务,对此本法第11条已经有明确的规定。但由于相关的能够用来确定平台内经营者的纳税义务的基本数据资料都掌握在电子商务平台经营者手中,因此本条第2款确定了在这个问题上电子商务平台经营者的信息报送义务。电子商务平台经营者需要向税务部门提供的是主要包括平台内经营者的身份信息,这一部分信息主要是与市场主体登记信息相联系的纳税主体信息。电子商务平台经营者还需要报送的是与纳税有关的信息,这主要包括经营数据,如经营收入等信息。一般而言,为实现税收所需要的信息,都属于这里所说的与纳税有关的信息的范围,电子商务平台经营者都需要向税务部门报送。但电子商务平台经营者的信息报送义务也限于这一特定目的。任何超出这一目的范围的数据信息,相关部门在没有法律的明确规定和授权的情况下,都不得要求电子商务平台经营者报送。此外,电子商务平台经营者还应当提示未办理市场主体登记的电子商务经营者,在符合法定的前提条件的情况下,需要依法办理税务登记。

适用要点

需要注意的是,对于平台提供的数据,特别是经营数据,也属于平台所享有的数据资产,相关的主管部门必须保密,只在为管理所需要的目的范围内使用,不得向第三方披露。

就本条的法律适用而言,需要注意以下问题:(1)本条构成电子商务平台经营者向相关的主管部门承担信息报送义务的特别规定。本条与第25条构成了特别规定与一般规定的关系。虽然本条中没有提到,但是第25条关于保护数据信息的安全,对涉及个人信息、隐私和商业秘密严格保密,不得泄露、出售或者非法向他人提供的规定,仍然应该适用。(2)电子商务平台经营者履行信息报送义务的方式以合目的性为依归。相应的义务的履行必须全面、完整,也就是说,平台报送的信息必须全面、完整、真实,不得经过篡改。(3)电子商务平台为履行该报送义务所发生的费用原则上应该由电子商务平台承担。但是监管部门应注意以减少电子商务平台经营者负担的方式来要求电子商务平台履行这一义务。

第二十九条　【电子商务平台经营者对商品或者服务信息的审查、处置和报告】电子商务平台经营者发现平台内的商品或者服务信息存在违反本法第十二条、第十三条规定情形的,应当依法采取必要的处置措施,并向有关主管部门报告。

条文注释

本条规定的是电子商务平台经营者对于平台内经营者的经营活动所必须承担的一般性的检查与监控义务。根据传统民法理论,第三方平台相当于一个供公众进行交往的网络空间,因此平台运营者对于在该网络空间内发生的相关行为具有一般性的监控义务。这种监控义务的范围和强度应该以电子商务平台经营者现有的技术条件和能力来判断,不能过分高于其实际的能力,但也不应该流于形式。电子商务平台经营者如果发现平台内销售的商品或者提供的服务信息,存在违法情形,应当依法采取必要的处置措施,并向有关主管部门报告。

这里所指的必要的处置措施，包括但不限于要求相关的平台内经营者将违法违规的产品或者服务下架，断开链接，甚至暂停其在平台内的全部的经营活动。与此同时，电子商务平台经营者还应该留存平台内经营者从事相关经营行为的全部的原始数据以及相关的页面信息，便于后续的处理措施的展开。具体采取何种措施，应以实际情况来判断，与相关违法行为的严重程度相称。

适用要点

本条在理解与适用中需要特别注意以下几个问题。(1)电子商务平台经营者对于平台内经营者从事需要特别许可才可以从事的活动，需要事先审核其是否获得相应的许可，以及许可是否真实有效。在这方面，平台必须把好入门关。(2)法律、行政法规禁止交易的商品或者禁止提供的服务，原则上以法律有明确的规定为前提。为此国家有关部门必须明确相应的禁止或者限制销售的商品的目录，并提供给平台。相关的目录发生变化的时候，电子商务平台在得到相应的通知之后应当及时采取措施，确保法律规则得到适用。(3)相关的商品或者提供的服务应当符合保障人身、财产安全的要求，这主要是指相关的产品和服务不存在不合理的、可能导致消费者人身财产损失的缺陷。对于这一点，电子商务平台主要是基于自己建立的监控机制以及消费者投诉信息来实现其监控。(4)本条所提到的“发现”，主要包括事实上已经明知或者根据电子商务平台的技术能力可以察觉这两种情况。在这两种情况下，电子商务平台必须采取措施。“向有关主管部门报告”，是电子商务平台配合国家相应的主管部门履职的表现之一。

第三十条 【网络安全与交易安全保障】电子商务平台经营者应当采取技术措施和其他必要措施保证其网络安全、稳定运行，防范网络违法犯罪活动，有效应对网络安全事件，保障电子商务交易安全。

电子商务平台经营者应当制定网络安全事件应急预案，发生网络安全事件时，应当立即启动应急预案，采取相应的补救措施，并向有关主管部门报告。

条文注释

电子商务交易安全涉及电子商务活动中信息的完整性、保密性、可用性以及不可抵赖性。为保障电子商务信息的完整性、保密性、可用性以及不可抵赖性，电子商务平台经营者应采取以下措施保障网络免受干扰、破坏或者未经授权的访问，防止网络数据泄露或者被窃取、篡改：(1)制定内部安全管理制度和操作规程，确定网络安全负责人，落实网络安全保护责任。(2)采取防范计算机病毒和网络攻击、网络侵入等危害网络安全行为的技术措施。(3)采取监测、记录网络运行状态、网络安全事件的技术措施，并按照规定留存相关的网络日志不少于6个月。(4)采取数据分类、重要数据备份和加密、身份认证等措施。(5)提供的产品或者服务，应当符合相关国家标准的强制性要求。不得设置恶意程序。电子商务平台经营者发现其提供的网络产品、服务存在安全缺陷、漏洞等风险时，应当立即采取补救措施，按照规定及时告知用户并向有关主管部门报告。电子商务平台经营者应当为其产品、服务持续提供安全维护，在规定或者当事人约定的期限内，不得终止提供安全维护。(6)法律、行政法规规定的其他义务。

网络安全应急处置制度作为网络安全事件发生后采取的首要措施，对减轻网络安全事件引发的损害具有重要意义。网络安全事件应急处置在采取措施动态识别网络安全风险的前提下，应制定网络安全事件应急预案，并定期进行演练。在发生网络安全事件时，应当立即启动应急预案，并采取相应的措施恢复由于网络安全事件而受损的功能或服务，并按照规定向主管部门报告。

电子商务平台经营者应按照规定制定网络安全事件应急预案，该应急预案应：(1)明确组织机构与职责；(2)确立组织范围内的预警监测、预警研判和发布、预警响应、预警解除等流程；(3)对事件报告、应急响应、应急结束等程序作出规定；(4)对事件调查、评估等事项作出安排；(5)对预案演练、宣传、培训等工作进行规划；(6)落实技术支撑队伍、专家队伍、社会资源、经费等保障措施。

电子商务平台经营者应组织专业人员对网络安全事件应急预

案进行评估，并将网络安全事件应急预案向相关人员或部门进行通报，定期评估修订网络安全事件应急预案；当电子商务平台经营者的管理架构、信息系统或运行环境发生变更时，及时更新网络安全事件应急预案，如系统发生变更或在实施、执行或测试中遇到问题，及时修改网络安全事件应急预案并向相关人员或部门及用户进行通报。

关联法规

《网络安全法》第21、25、26、29、33、39条

第三十一条 【商品和服务信息、交易信息记录和保存】电子商务平台经营者应当记录、保存平台上发布的商品和服务信息、交易信息，并确保信息的完整性、保密性、可用性。商品和服务信息、交易信息保存时间自交易完成之日起不少于三年；法律、行政法规另有规定的，依照其规定。

条文注释

从需要记录与保存的信息的范围来看，原则上所有的信息都应该予以保存。本条规定重点提到的是在平台上发布的商品和服务信息以及交易信息。关于商品和服务信息，应当包括何人在何时以何种方式发布了何种商品和服务的信息。这些信息应当有助于完整地还原平台内经营者在平台上的活动轨迹。关于交易信息，应当包括平台内经营者在何时向何人，以何种交易条件，提供了何种数量的商品和服务。

本条规定，相关信息的保存期限是从交易完成之日起，不少于3年的时间。之所以规定是不少于3年的时间，是为了设置一个信息保存时间的下限。这也与《民法典》中诉讼时效为3年的规定相呼应。在该期限之内，如果发生了有关的争议，可以基于法律的规定或者相应的司法机关的命令，要求平台协助提供相应的数据，证明相关事实。当然平台也可以保存更长时间。

本条还要求平台在承担交易数据保存义务的同时，必须确保原始数据的完整性、保密性与可用性。如果平台擅自改变有关的数据，或者提供虚假数据，则需要承担相应的法律责任。

适用要点

本条规定了电子商务平台经营者的数据保存义务,但是相关数据的权利主体如果根据法律的规定,主张数据删除权,要求平台删除有关数据,应该如何处理?关于这一问题,涉及相关数据的控制以及财产性权益的归属问题,需要平衡相应的权益保护的必要性来予以解决。如果是出于个人信息保护方面的需要,个人可以要求电子商务平台经营者删除在平台内公开的、可以被第三方查阅和检索的、可能会对个人信息安全产生影响的交易信息。但这并不影响电子商务平台经营者可以在后台以加密的方式留存有关交易的原始信息。电子商务平台经营者因此需要注意对其保存的信息的保密性负责,不对第三方泄露。

在适用本条的时候,还需要注意以下问题。(1)电子商务平台经营者的数据记录和保存义务必须与其他条文中规定的平台责任结合起来予以理解。例如,与数据提供义务、特定情况下的信息披露义务联系起来,才能够准确理解不履行数据记录和保存义务会产生何种法律后果。(2)数据的完整性、保密性和可用性,是平台履行数据保存义务的要求。完整性对应的是数据的真实性和未被篡改。保密性对应的是平台必须建立相应的数据信息安全机制,避免被第三方不法窃取或者发生泄露。可用性对应的是数据经过一定的格式的整理,便于查询和调取。如果相关的数据未经过任何处理,根本不具有有效读取和理解的可能性,那么也就不符合可用性要求。

第三十二条 【服务协议和交易规则制定】电子商务平台经营者应当遵循公开、公平、公正的原则,制定平台服务协议和交易规则,明确进入和退出平台、商品和服务质量保障、消费者权益保护、个人信息保护等方面的权利和义务。

第三十三条 【服务协议和交易规则的公示】电子商务平台经营者应当在其首页显著位置持续公示平台服务协议和交易规则信息或者上述信息的链接标识,并保证经营者和消费者能够便利、完整地阅览和下载。

条文注释

第33条是关于平台服务协议和交易规则的透明性和公示方面的要求。平台服务协议和交易规则必须以合理的方式予以公示,这样才能确保相关的条款能够被相对人所知悉。这一方面保障了消费者和中小经营者的知情权,另一方面也与格式条款订入制度相衔接。根据格式条款订入制度,如果格式条款的提供者没有以显著的方式提请相对人注意格式条款的相关内容,或者相对人无法便捷地了解格式条款的相关内容,那么相关内容视为未订入合同之中,不具有约束力。

适用要点

在实务中,电子商务平台经营者在相对人通过注册成为平台用户时,往往已经对相关的交易规则的内容进行了提示,并且要求相对人表示同意,才能够完成注册程序。但由于交易规则的内容非常复杂,实际上相对人并不会认真去浏览。这一事实的存在就要求平台针对交易规则和服务协议的核心关键内容,尤其是对相对人的权利和义务有重大影响的内容,如合同何时成立并具有约束力、出现纠纷时由哪个法院管辖等问题,进行特别的提醒和通知。这种提醒和通知可以采取特别的勾选同意或者弹窗的方式,进一步向用户披露服务协议与交易规则的关键性内容。只有符合了这些条件,才可以被认为是完成了提醒和通知义务,也才可以成为确定交易双方的权利义务和法律责任的有效依据。

第三十四条　【服务协议和交易规则修改】电子商务平台经营者修改平台服务协议和交易规则,应当在其首页显著位置公开征求意见,采取合理措施确保有关各方能够及时充分表达意见。修改内容应当至少在实施前七日予以公示。

平台内经营者不接受修改内容,要求退出平台的,电子商务平台经营者不得阻止,并按照修改前的服务协议和交易规则承担相关责任。

条文注释

本条是关于电子商务平台经营者单方面修改服务协议和交易规则时应该遵守的程序方面的规定。本条规定,如果电子商务平台经营者要修改相关的服务协议和交易规则,应当在其首页显著位置公开征求意见。一般来说,一般性规则的制定过程涉及征求意见程序。本条规定,修改平台服务协议和交易规则要征求意见,说明服务协议和交易规则不只是当事人之间的协议,也在一定程度上具有了一般性规则的属性,因此必须引入民主讨论,让多方参与决策。为了避免征求意见流于形式,本条还规定电子商务平台经营者需要采取合理措施确保有关各方能够及时充分表达意见。这里所说的措施,一般来说包括针对特定用户发送调查问卷,群发征求意见函,在合适的位置说明修改的主要内容、修改的意图、对于有关当事人可能产生的影响以及修改是否具有法律层面上的依据等。电子商务平台经营者还应该建立意见收集和反馈机制,公开收到的各种意见,说明采纳以及不予以采纳的主要理由。

本条规定,修改内容如果要确定予以实施,必须至少提前7日予以公示。从法律关系的角度看,这种修改服务协议和交易规则的行为,属于单方面提出来的修改合同的要约。对此,平台内经营者可以同意,也可以不同意。如果不同意,则可以申请退出。在这种情况下,电子商务平台经营者应当依据修改之前的服务协议或交易规则,承担由于其违约行为给平台内经营者产生的所有的损害赔偿责任。

第三十五条　【不得进行不合理限制、附加不合理条件、收取不合理费用】电子商务平台经营者不得利用服务协议、交易规则以及技术等手段,对平台内经营者在平台内的交易、交易价格以及与其他经营者的交易等进行不合理限制或者附加不合理条件,或者向平台内经营者收取不合理费用。

条文注释

对平台内经营者在平台内的交易、交易价格以及与其他经营者的交易等进行不合理限制,是指平台内经营者在网络平台上销售商品或提供服务时，电子商务平台经营者通过格式条款、格式合同等方式签订服务合同、设定交易规则或利用技术等手段，就商品或服务的价格、销售对象、销售地区等进行不合理的限制。这种行为不符合自愿原则，也有悖于公平原则。

对平台内经营者附加不合理条件包括但不限于上述与交易相关的不合理限制，是指电子商务平台经营者利用其地位，迫使平台内经营者签订独家销售协议、接受不合理的入驻条件等，或者增加特定的不利条件，如削减活动资源、搜索降权、屏蔽等。

向平台内经营者收取不合理费用，主要是指电子商务平台经营者通过服务协议、交易规则以及技术等手段对其他市场主体进行的横向控制行为。

电子商务平台经营者在附加不合理条件进行交易时，利用的一般是服务协议、交易规则以及技术等手段，其他诸如胁迫、强制等不正当手段进行的交易不属于本条所规制的范畴。

适用要点

理解适用第35条时，需要注意第35条与第22条的关系。第22条的主体是电子商务经营者，包括电子商务平台经营者、平台内经营者等；第35条的主体仅指电子商务平台经营者。具言之，第22条是反垄断条款（滥用市场支配地位行为），规制的是电子商务经营者之间的法律关系，即《反垄断法》在电子商务领域的重申。然而，第35条规制的是电子商务平台经营者和平台内经营者之间的关系。

按照第22条之表述，适用该条必须先判断这几类主体在具体交易关系中是否具备“市场支配地位”，而第35条提到的是“不得利用服务协议、交易规则以及技术等手段”，并未提到支配地位问题，与《反垄断法》所调整的垄断行为关联不大。由于电子商务平台经营者和平台内经营者并非竞争关系，也很难理解为上下游关系，所以也不能将第35条所说的行为理解为不正当竞争，只能理解为电子商务平台经营者利用其特殊地位状态或优势损害平台内经营者的利益。因此，适用第35条不受市场支配地位条件的限制，只要电子商务平台经营者实施了第35条列举的情形，即可直接适用《电子商务法》调整。

第三十六条 【违法违规行为处置信息公示义务】电子商务平台经营者依据平台服务协议和交易规则对平台内经营者违反法律、法规的行为实施警示、暂停或者终止服务等措施的，应当及时公示。

条文注释

通常而言，与平台内经营者相关的信息和数据，应该被电子商务平台经营者通过妥当的方式予以保存，一般不允许第三方自由查询。本条规定的则是电子商务平台经营者对平台内经营者采取特定措施的信息公示义务。

本条要求公示的信息主要涉及电子商务平台经营者对平台内经营者实施的处罚性质的措施。对于这些信息予以公示，有助于利益相关者及时知情，并且采取相应的补救措施。从另外一个角度来看，将相关的信息予以公示，有助于警示其他平台内经营者诚实守信地开展经营活动，也能够提醒消费者或者其他交易相对人慎重选择交易对象。

公示的具体位置、方式以及时间，可以根据本条的规范目的，结合具体情况加以处理。一般来说，应该便于相关主体查阅，公示方式应清晰、显著，公示相关信息的持续时间应具有一定的跨度。只有符合了这些条件，本条所规定的规范目的才能够实现。

需要注意的是，平台内经营者面对电子商务平台经营者所实施的措施也应该有相应的救济渠道。在现实中由于电子商务平台经营者拥有强大的优势地位，往往使平台内经营者无法对电子商务平台经营者作出的不当处理进行申诉。为此需要建立相应的投诉机制，以保护平台内经营者。如果平台内经营者认为平台作出的处理措施存在问题，可以向法院起诉，来保障自己的权益。

第三十七条 【自营业务的区分标记】电子商务平台经营者在其平台上开展自营业务的，应当以显著方式区分标记自营业务和平台内经营者开展的业务，不得误导消费者。

电子商务平台经营者对其标记为自营的业务依法承担商品销售者或者服务提供者的民事责任。

条文注释

电子商务平台经营者既可以搭建网络交易空间供他人开展交易活动,也可以在其运营的交易平台上自己从事商品和服务的活动。如果其直接作为当事人一方参与交易,其法律上的身份就发生了重要的变化,与其仅作为网络服务提供者的身份存在重大差别。为此本条规定,电子商务平台经营者如果有自营业务,必须要以显著方式标明其自营业务,以此与平台内经营者的业务予以区分。如果因为相关的区分不够清晰,导致消费者受到误导,电子商务平台经营者应当承担商品销售者或者服务提供者的法律责任。换言之,应作为合同一方当事人承担法律责任,而不能主张自己的平台身份。

就本条而言,需要注意以下两个问题:(1)标记的方式并无特别要求,只要以能够提醒相对人,并且相对人能够识别相关的交易是属于平台自营业务还是平台内经营者的业务即可。(2)本条规定具有强制性,不能被电子商务平台经营者通过相反的服务协议或交易规则的约定所改变。

适用要点

需要注意的是,在没有清晰地标明是自营业务抑或他营业务的情况下,如何判断相关主体的责任。总的来说,应该基于信赖保护原则,通过合理的方法确定在此种情况下,一个具有正常判断能力的人,如何理解相关营业的归属,从而确定相关的责任主体。如果在通常情况下,一个正常的理性的人仍然不能判断相关的业务究竟是自营还是他营,应该推定是平台自营业务,由平台承担商品销售者和服务提供者的法律责任。

还需要注意的是,不能狭义、机械地将"自营"理解为运营平台的公司自身从事相关的经营活动。因为在现实生活中,运营平台通常是互联网技术服务公司,本身不可能从事大规模的商品销售或者服务提供业务。自营指的是包括运营电子商务平台在内的整个具有关联性质的公司整体从事营业活动,如果属于这种情况就符合自营的定性。换言之,运营平台的互联网技术服务公司必须与从事自营的公司同属于一个商业意义上的整体。在这种情况下，由属于该整体的公司对相关的交易承担责任，而不一定必须是严格意义上的运营平台的公司承担责任。

第三十八条 【电子商务平台经营者的连带责任与相应责任】电子商务平台经营者知道或者应当知道平台内经营者销售的商品或者提供的服务不符合保障人身、财产安全的要求，或者有其他侵害消费者合法权益行为，未采取必要措施的，依法与该平台内经营者承担连带责任。

对关系消费者生命健康的商品或者服务，电子商务平台经营者对平台内经营者的资质资格未尽到审核义务，或者对消费者未尽到安全保障义务，造成消费者损害的，依法承担相应的责任。

条文注释

本条第1款是关于电子商务平台经营者与平台内经营者承担连带责任的规定。电子商务平台经营者承担连带责任的构成要件如下：

1. 平台内经营者存在特定违法行为

平台内经营者存在的特定违法行为有以下两种情形：(1)平台内经营者销售的商品或者提供的服务不符合保障人身、财产安全的要求；(2)有其他侵害消费者合法权益行为。

平台内经营者销售的商品或者提供的服务应当符合保障消费者人体健康和人身、财产安全的要求，至少包括以下几个方面：(1)所销售的商品或者提供的服务应当符合相关国家标准或者行业标准，禁止销售或者提供不符合保障人体健康和人身、财产安全标准的商品或服务；(2)在没有国家标准或者行业标准时，所销售的商品或者提供的服务应当符合保证人体健康和人身、财产安全的要求；(3)对可能危及人体健康和人身、财产安全的商品或服务，应当向消费者作出真实的说明和明确的警示，并说明和标明正确使用商品或者接受服务的方法以及防止危害发生的方法；(4)发现提供的商品或服务存在严重缺陷的，即使消费者采用正确使用方法仍可能导致危害的，应及时告知，并采取切实可行的措施。

其他侵害消费者合法权益行为,是指平台内经营者销售的商品或者提供的服务有其他违反法律法规规定或者当事人约定等情形,而损害消费者合法权益的行为。包括在不损害消费者人身、财产安全的前提下,平台内经营者所销售的商品数量不足、伪造产地、价格欺诈、未履行交易作出高于法定标准的合同约定或者其他损害消费者合法权益的情形。

2. 电子商务平台经营者知道或者应当知道平台内经营者具有上述违法行为

知道,是指电子商务平台经营者已经知晓平台内经营者的相关违法事实。知晓上述违法行为,既可以是电子商务平台经营者履行相应的审核义务而发现的,也可以是接到特定主体通知或者举报而知晓的。"应当知道"是法律上的推定,判断电子商务平台经营者是否"应当知道",应综合考虑以下因素:平台内经营者提供服务的性质、危险程度,电子商务平台经营者对上述违法行为的控制能力以及采取的相关管控措施情况,电子商务平台经营者对同一经营者的重复违法行为采取的管控措施情况等。需要指出的是,电子商务平台经营者的管控能力和管控措施应随着技术进步而不断提升,这对电子商务平台经营者的注意义务提出了更高的要求。

3. 电子商务平台经营者未采取必要措施

必要措施,是指电子商务平台经营者对平台内经营者采取删除、屏蔽、断开链接、暂时中止提供服务等限制交易或停止交易的足以控制违法行为和阻止损害发生的有效措施,还包括提醒消费者注意等附随义务。

本条第2款的规定体现了本法对保护消费者生命健康权的重视,包括两方面内容:(1)对于关系消费者生命健康的商品或者服务,电子商务平台经营者对平台内经营者的资质资格未尽到审核义务,造成消费者损害的,应当承担相应的责任;(2)对于关系消费者生命健康的商品或者服务,电子商务平台经营者对消费者未尽到安全保障义务,造成消费者损害的,应当依法承担相应的责任。

本条中的审核义务,是指电子商务平台经营者对进入平台的经营者的资质、资格应当尽到审查、登记及定期核验的义务。具体包括两方面：(1)对申请进入平台的经营者相关资质、资格进行核验、登记；(2)对平台内经营者的相关资质、资格定期审查核实。

本条中的“安全保障义务”，是指经营者作为义务人负有在合理范围和限度内保护消费者人身和财产安全的义务。电子商务平台经营者是网络经营场所的提供者和管理者，要求其对消费者尽到安全保障义务是为了加强对消费者权益的保护。

适用要点

实践中，电子商务平台经营者未履行资质资格审核义务和安全保障义务的情况比较复杂，应遵循“具体问题，具体分析；具体案例，具体解决”的原则，根据实际情形依法具体地认定电子商务平台经营者的法律责任。

确定电子商务平台经营者的责任，应结合本法其他条款与相关的法律法规确定。在电子商务实际纠纷处理中，如果特别法有规定的，从其规定；如果特别法未作出明确规定，可根据本法规定的指导原则，综合考虑电子商务平台经营者的责任性质、过错程度、损害后果、因果关系等因素进行民事责任认定与追责。除了上述民事责任以外，《电子商务法》还规定，如果平台有相关的违法行为，还要依法承担行政责任和刑事责任。行政责任可以依照《电子商务法》第83条、《网络安全法》、《消费者权益保护法》、《广告法》、《食品安全法》等规定确定，构成违反治安管理行为的，依法给予治安管理处罚；构成犯罪的，依法追究刑事责任。

本条两款中，电子商务平台经营者的过错均源于不作为或者作为不充分、不到位。对于主观过错的形态(表现形式)和承担责任的形式，本条两款的规定各不相同。对于第1款，电子商务平台经营者的主观过错是“知道或者应当知道”，且又未采取必要措施，这是事后责任，承担责任的形式是连带责任。对于第2款，电子商务平台经营者的主观过错是未尽到审核或者安全保障义务，这是事前责任，承担责任的形式是“相应的责任”。“相应的责任”可以由司法解释或者行政法规等予以进一步明确。

关联法规

《食品安全法》第131条,《广告法》第56条,《民法典》第1197、1198条

第三十九条　【信用评价制度与信用评价规则】电子商务平台经营者应当建立健全信用评价制度,公示信用评价规则,为消费者提供对平台内销售的商品或者提供的服务进行评价的途径。

电子商务平台经营者不得删除消费者对其平台内销售的商品或者提供的服务的评价。

条文注释

本条第1款是关于电子商务平台经营者建立信用评价体系方面的要求。这一要求分为以下几个方面:(1)电子商务平台经营者应当建立信用评价体系。相应的评价体系必须制度健全,运作良好,对于平台内经营者的相关行为有积极的引导功能。(2)电子商务平台经营者必须公示信用评价规则。这一要求主要关注的是电子商务平台经营者如何设立相应的评价标准,对相关的事项如何赋值,如何确保信用评价体系客观、公正和合理。(3)电子商务平台必须为消费者提供对平台内销售的商品或者提供的服务进行评价的途径。一般来说,相关的评价应该是公开的,可以被其他用户查询和作为参考,没有合理理由不得屏蔽和删除。

本条第2款规定的是电子商务平台经营者对消费者评价的处理规定。原则上电子商务平台经营者不得删除消费者对其平台内销售的商品或者提供的服务的评价。这一规定是强制性的规定,主要目的是确保消费者评价能够发挥良好的作用,促进电子商务平台经营者以及平台内经营者诚实经营。

第四十条　【竞价排名业务的广告标注义务】电子商务平台经营者应当根据商品或者服务的价格、销量、信用等以多种方式向消费者显示商品或者服务的搜索结果;对于竞价排名的商品或者服务,应当显著标明“广告”。

条文注释

本条规定的目的在于限制电子商务平台经营者利用其干预搜索结果的方式来施加影响力。首先,本条规定要求电子商务平台经营者采取多种方式来排列搜索结果。这里所指的搜索结果,应该是指自然搜索的结果,是根据客观的算法进行的搜索排序。对此本条列举了三种搜索排序方法,分别是价格排序法、销量排序法、信用排序法。需要强调的是,电子商务平台经营者在设定相应的搜索算法时,必须遵循本法的规定,至少必须向用户提供这三种搜索排序方法。至于电子商务平台经营者是否另外提供综合排序法,这属于电子商务平台经营者自主决定的范围。

其次,如果电子商务平台经营者采取竞价排名的方法来干预搜索结果,需要受到特别的规制。司法实务中,一般认为竞价排名行为属于互联网广告行为的一种形态。如果采用竞价排名机制对搜索结果进行排序,那么需要对被干预后的搜索结果,显著标明“广告”。这是为了使用户清楚搜索结果的性质,有助于其进行判断和决策。根据本条的规定,“广告”二字必须是显著标明,是否显著需要根据一般人的判断标准来做出判断,另外标明的必须是“广告”二字,不能标记为其他内涵不够清晰的字样,如“推广”。

当然,需要注意的是,标明“广告”,并不一定意味着电子商务平台经营者在这种情况下就需要承担传统的广告发布者的责任。因为竞价排名作为互联网广告的一种特殊形态,与传统的广告形态存在很大的差别。很多情况下,竞价排名是一种自动化的广告投放机制,电子商务平台经营者对相关内容不可能进行预先审核。就此而言,需要根据互联网广告的具体情况,来作出电子商务平台经营者采取竞价排名机制推广特定的经营者的链接应该承担何种法律责任的具体判断。

关联法规

《互联网信息搜索服务管理规定》第 10 条,《互联网广告管理暂行办法》第 3 条

第四十一条　【知识产权保护规则】电子商务平台经营者应当建立知识产权保护规则，与知识产权权利人加强合作，依法保护知识产权。

条文注释

《电子商务法》第41条至第45条规定了电子商务平台知识产权保护制度，由电子商务平台经营者知识产权保护规则、治理措施与法律责任组成。《电子商务法》第41条规定的是知识产权保护规则，即电子商务平台经营者应当建立知识产权保护规则，与知识产权权利人加强合作，依法保护知识产权。

知识产权保护规则是电子商务平台经营者为履行法定义务而负责制定与实施的规则，但其并非简单重复有关法律规定或者要求，而是将法律规范应用于平台环境，并使之具体化与细致化。平台的知识产权保护规则应包括平台内经营者保护知识产权的义务、知识产权治理措施的条件与程序、违反规则的后果及相关争议解决方式等内容。

知识产权保护规则属于《电子商务法》规定的交易规则的一种。交易规则是电子商务平台经营者负责制定和实施的规章制度，通过服务协议成为对所有使用平台服务的经营者与消费者具有约束力的合同条款，甚至可以影响到与平台外的知识产权人等利益相关方。作为交易规则的组成部分，由电子商务平台经营者负责制定与实施的知识产权保护规则同样应符合上述法定要求，具有合法性、公开性、公共性与强制性等特征。

关联法规

《电子商务法》第32～35、62条

第四十二条 【知识产权权利人的通知与电子商务平台经营者的删除等措施】知识产权权利人认为其知识产权受到侵害的，有权通知电子商务平台经营者采取删除、屏蔽、断开链接、终止交易和服务等必要措施。通知应当包括构成侵权的初步证据。

电子商务平台经营者接到通知后，应当及时采取必要措施，并将该通知转送平台内经营者；未及时采取必要措施的，对损害的扩大部分与平台内经营者承担连带责任。

因通知错误造成平台内经营者损害的，依法承担民事责任。恶意发出错误通知，造成平台内经营者损失的，加倍承担赔偿责任。

条文注释

本条第1款规定，知识产权权利人认为其知识产权受到侵害的，有权向电子商务平台经营者发出通知，要求电子商务平台经营者采取删除、屏蔽、断开链接、终止交易和服务等必要措施。通知应当包括构成侵权的初步证据。

知识产权权利人发出通知是治理措施的第一步。根据《最高人民法院关于审理涉电子商务平台知识产权民事案件的指导意见》的规定，《电子商务法》第42条第1款规定的知识产权权利人发出的通知一般包括知识产权权利证明及权利人的真实身份信息、能够实现准确定位的被诉侵权商品或者服务信息、构成侵权的初步证据、通知真实性的书面保证等内容。知识产权保护规则应对每项内容加以明确与细化，并体现在自动信息系统的指令与程序中，如如何证明知识产权人身份、何为侵权初步证据等。

本条第2款规定，电子商务平台经营者接到通知后，应当及时采取必要措施，并将该通知转送平台内经营者。与第36条一样，本款在本质上也是平台规则对电子商务平台经营者强制性要求的体现。但是，本款仅适用于电子商务平台经营者依据知识产权人的通知而采取措施的情形，第36条则适用于更广泛的领域（不限于知识产权保护）。电子商务平台经营者自行发现的平台内经营者违反法律、法规（包括知识产权法律、法规）而采取处罚措施的，应依照第36条的规定处理。

根据第42条的规定，电子商务平台经营者通过自动信息系统收到知识产权权利人的通知后，仅需通过系统对通知进行形式审查，无须对通知内容进行法律上判断，也无须对通知指控的内容进行调查。电子商务平台经营者应当及时根据通知要求，对平台内经营者采取删除、屏蔽、断开链接、终止交易和服务等必要措施，不能以缺乏实质审查的资源或侵权判断的能力为借口，拒绝依照通知及时采取措施。

适用要点

在实践中，电子商务平台经营者由于与平台内经营者存在服务协议等利益关系，经常寻找各种借口，敷衍推诿，不愿按照通知要求采取必要措施。如果发出通知的知识产权人虚假通知、错误通知或者滥用知识产权，自当依法承担相应的责任。但是，电子商务平台经营者不应以此担忧为借口拒绝采取措施。否则，根据《电子商务法》第84条的规定，电子商务平台经营者违反本法第42条的规定，对平台内经营者实施侵犯知识产权行为未依法采取必要措施的，由有关知识产权行政部门责令限期改正；逾期不改正的，处5万元以上50万元以下的罚款；情节严重的，处50万元以上200万元以下的罚款。上述规定的行政罚款的上限远高于现行的知识产权法律规定，足以说明电子商务平台经营者比其他经营者承担更大的知识产权保护义务。

本条中规定的"错误通知"，应当以客观后果而非知识产权人的主观心理状态来判断，只要通知内容被证明为与事实不符，给平台内经营者造成损失，知识产权人就应当承担民事责任。如知识产权人故意发出虚假通知或者滥用知识产权损害竞争者利益，应加重其责任，赔偿因虚假通知给平台内经营者所造成的损失。电子商务平台经营者可以在法律允许的范围内，在知识产权保护规则中规定，知识产权人恶意通知损害平台内经营者的合法权益、扰乱正常经营活动的，应当承担加倍赔偿的责任。知识产权人使用平台的自动信息系统提交通知的，应视为同意平台的知识产权保护规则，规则中关于恶意通知承担赔偿责任的内容，应对知识产权人有约束力。

第四十三条 【平台内经营者的声明及电子商务平台经营者采取措施的终止】平台内经营者接到转送的通知后，可以向电子商务平台经营者提交不存在侵权行为的声明。声明应当包括不存在侵权行为的初步证据。

电子商务平台经营者接到声明后，应当将该声明转送发出通知的知识产权权利人，并告知其可以向有关主管部门投诉或者向人民法院起诉。电子商务平台经营者在转送声明到达知识产权权利人后十五日内，未收到权利人已经投诉或者起诉通知的，应当及时终止所采取的措施。

条文注释

根据《最高人民法院关于审理涉电子商务平台知识产权民事案件的指导意见》的规定，平台内经营者向电子商务平台经营者提交的不存在侵权行为的声明一般包括：平台内经营者的真实身份信息；能够实现准确定位、要求终止必要措施的商品或者服务信息；权属证明、授权证明等不存在侵权行为的初步证据；声明真实性的书面保证等内容。声明应当采取书面形式。

根据本条第2款的规定，电子商务平台经营者将平台内经营者的声明送达知识产权权利人后，权利人可以在15日内寻求法律救济。权利人提交投诉或者起诉的，电子商务平台经营者应当维持所采取的措施。但是，权利人未在此期限内投诉或者起诉的，电子商务平台经营者应当及时终止所采取的措施。电子商务平台经营者应当为知识产权人寻求法律救济提供必要的支持与方便。电子商务平台经营者的自动信息系统中记录的通知、声明、处理结果等，均可作为知识产权人投诉或者起诉的证据。根据《电子商务法》第62条的规定，如果知识产权人需要有关记录作举证之用，电子商务平台经营者应当予以提供。

适用要点

平台内经营者如提交错误声明，给知识产权人造成损失的，是否承担民事责任,《电子商务法》未予规定。但是,如平台内经营者提交与事实不符的声明,导致知识产权保护措施被终止、侵权行为被恢复及知识产权人损失的扩大,应为通知前后的知识产权侵权行为承担责任;如恶意声明,更应承担加重责任。

关联法规

《电子商务法》第62、63条,《民法典》第1195、1196条

第四十四条　【知识产权人的通知、平台内经营者采取的措施以及平台内经营者声明的公示】电子商务平台经营者应当及时公示收到的本法第四十二条、第四十三条规定的通知、声明及处理结果。

条文注释

根据本条的规定,电子商务平台经营者应当及时公示收到的知识产权人通知、平台内经营者的声明及处理结果。本条与《电子商务法》第36条规定的及时公示要求相一致。电子商务平台经营者公示有关的通知、声明及处理结果,是治理措施的重要组成部分。当然,如果涉及个人信息、秘密信息等内容,平台公示时可以适当方式加以保护,可以采取公示节略信息或者统计性信息等方式。

第四十五条　【电子商务平台经营者知识产权侵权责任】电子商务平台经营者知道或者应当知道平台内经营者侵犯知识产权的,应当采取删除、屏蔽、断开链接、终止交易和服务等必要措施;未采取必要措施的,与侵权人承担连带责任。

条文注释

本条规定,电子商务平台经营者为平台内经营者的知识产权侵权行为承担过错责任(仅在"知道或者应当知道"的情况下承担责任),而非严格责任(只要平台内有侵犯行为就承担责任)。本条规定的是电子商务平台经营者的中介责任。过错是平台中介责任的核心内容,是责任体制的安全阀,保证该负责的负责、该免责的免责,直接决定责任的成立和范围。

本条规定的电子商务平台经营者的过错,分为两种情形:第一

种是电子商务平台经营者有意为之、明知故犯的情形，即本条所称电子商务平台经营者确切地“知道”平台内经营者的侵权行为，却不采取必要措施予以制止，电子商务平台经营者应与侵权人承担连带责任。第二种是平台内经营者侵权行为明显，电子商务平台经营者应当注意到的情形，即本条所称的电子商务平台经营者“应当知道”平台内经营者的侵权行为，却视而不见、听之任之，不采取必要措施予以制止，属于电子商务平台经营者有重大过失的情形，电子商务平台经营者也应与侵权人承担连带责任。

此外，本条虽然没有明确规定，但是还可能隐含第三种情形，即平台内经营者的侵权行为不容易被发现（如未经专利权人许可在所经营的商品中实施有关的专利技术），不够明显，电子商务平台经营者仅有一般过失的，不应与侵权人承担连带责任。但是，在此情况下，电子商务平台经营者如果收到知识产权人的通知，则其“知道”了平台内经营者的侵权行为，若其仍不采取必要措施，根据《电子商务法》第42条第2款的规定，电子商务平台经营者应对知识产权损害的扩大部分与侵权人承担连带责任。

根据本条的规定，知识产权人没有发出通知或者在电子商务平台经营者收到通知之前，知识产权人如能证明电子商务平台经营者未尽一般性注意义务，知道或者应当知道平台内的侵权行为而不采取必要措施予以制止，则知识产权人仍然可以追究电子商务平台经营者与实施侵权行为的平台内经营者的连带责任。但是，如果电子商务平台经营者在收到知识产权人通知之后，采取了必要措施制止平台内经营者的侵权行为，则属于有所悔过，其连带侵权责任截至采取必要措施时。反之，本来就有过错的电子商务平台经营者，收到知识产权人的通知后仍不及时采取必要措施，则要为由此扩大的知识产权损害与平台内经营者承担连带责任。

适用要点

将本条规定的平台知识产权侵权责任与第42条至第44条规定的平台知识产权治理措施结合起来，电子商务平台经营者的责任有如下情形：

(1)电子商务平台经营者不知道、不应当知道平台内侵权行为的,收到知识产权人通知,应当及时采取必要措施;否则,电子商务平台经营者应对扩大部分的损害,与侵权人承担连带责任。

(2)电子商务平台经营者一旦知道或者应当知道平台内侵权行为,即便没有知识产权人通知,也应依法采取必要措施;否则,与侵权人承担连带责任。

(3)电子商务平台经营者知道或者应当知道平台内侵权行为,未采取必要措施,但是在收到知识产权人的通知后,及时采取了必要措施的,应对采取必要措施之前的知识产权人受到的损害,与侵权人承担连带责任。

(4)电子商务平台经营者知道或者应当知道平台内侵权行为,未采取必要措施,而且在收到知识产权人的通知后,仍未及时采取必要措施的,应就知识产权人遭受的全部损害,与侵权人承担连带责任。

第四十六条 【合规经营与不得从事的交易活动】除本法第九条第二款规定的服务外,电子商务平台经营者可以按照平台服务协议和交易规则,为经营者之间的电子商务提供仓储、物流、支付结算、交收等服务。电子商务平台经营者为经营者之间的电子商务提供服务,应当遵守法律、行政法规和国家有关规定,不得采取集中竞价、做市商等集中交易方式进行交易,不得进行标准化合约交易。

条文注释

本条以列举的方式规定了除《电子商务法》第 9 条第 2 款规定的服务外,电子商务平台经营者可以依照平台服务协议和交易规则从事的基本服务范围。本条所列举的仓储、物流、支付结算、交收等服务都是为加强电子商务服务能力、提高电子商务整体竞争力所经常涉及的服务范围,与电子商务平台经营者本职业务有相当的联系,在实践中电子商务平台经营者提供该类服务也颇为常见。

电子商务平台经营者从事的服务业务不限于上述几种,遵循商业自由的原则,其也可依法从事其他业务,但必须遵守相关法律法规和基本商业习惯及道德，不得经营法律法规禁止的业务，不得从事与《电子商务法》第9条第2款所规定的服务相冲突之业务，不得有损消费者合法利益、违反法律法规及商业道德。

电子商务平台经营者应当遵守法律、行政法规和国家有关规定，不得采取集中竞价、做市商等集中交易方式进行交易，不得进行标准化合约交易。电子商务平台经营者不得违反法律法规规定擅自从事大宗现货、期货等以及其他类交易场所业务，前述交易具有特殊的金融属性和风险属性，直接关系到经济金融安全和社会稳定，必须在经批准的特定交易场所，遵循严格的管理制度规范进行。

本条所称的“集中交易方式”，包括集合竞价、连续竞价、电子撮合、匿名交易、做市商等交易方式。

本条所称的“做市商”，是指由具备一定实力和信誉的独立经营法人作为交易商，不断向公众投资者报出某些特定标的的买卖价格（即双向报价），并在该价位上接受公众投资者的买卖要求，以其自有资金和标的物与投资者进行交易。此类交易是典型的金融行为，具有较高风险，受到法律的严格管制。

本条所称的“标准化合约交易”，包括由电子商务平台经营者统一制定的两种合约：第一种是除价格条款外其他条款固定，规定在将来某一时间和地点交割一定数量标的物的合约；第二种是规定买方有权在将来某一时间以特定价格买入或者卖出约定标的物的合约。

关联法规

《国务院关于清理整顿各类交易场所切实防范金融风险的决定》《国务院办公厅关于清理整顿各类交易场所的实施意见》

第三章　电子商务合同的订立与履行

第四十七条　【电子商务合同的法律适用】电子商务当事人订立和履行合同，适用本章和《中华人民共和国民法总则》《中华人民共和国合同法》《中华人民共和国电子签名法》等法律的规定。

条文注释

《立法法》第92条规定了法律适用原则，即同一机关制定的法律、行政法规、地方性法规、自治条例和单行条例、规章，特别规定与一般规定不一致的，适用特别规定；新的规定与旧的规定不一致的，适用新的规定。

对于《电子商务法》第47条的规定，需要注意，自2021年1月1日起，《民法典》正式施行，《合同法》《民法总则》同时废止。因此，在适用有关电子商务合同的法律规范时，需注意《电子商务法》与《民法典》《电子签名法》的有机协调。

第四十八条　【自动信息系统的法律效力与行为能力推定】电子商务当事人使用自动信息系统订立或者履行合同的行为对使用该系统的当事人具有法律效力。

在电子商务中推定当事人具有相应的民事行为能力。但是，有相反证据足以推翻的除外。

条文注释

本条所说的自动信息系统，是指按照事先设定的程序指令、算法、运行参数与条件，在无自然人确认或者干预的情况下，交易双方为了订立或者履行合同进行信息互动的计算机信息系统。自动信息系统发送、接收信息与相对方互动，可以导致当事人之间合同关系的发生、变更与终止。基于技术中立性的原则，自动信息系统设计与运行所采用的技术手段及方式不受限制。例如，已经广泛应用的投币式自动售货机、游戏机等都可以视为简化的自动信息系统。在电子商务中，基于区块链技术开发出的分布式自动信息系统（即所谓智能合同）具有保障交易安全、防止信息篡改、反欺诈等突出的优势。

在电子商务中，既可能是一方当事人提供自动信息系统，另一方的自然人通过输入信息、触摸或者点击计算机屏幕上的某一指定图标或位置等方式与之互动，从而订立或者履行合同，又可能是双方当事人均使用各自的自动信息系统，计算机系统之间按照商定的通信标准自动交换数据电文，从而订立或者履行合同。

本条第 1 款从两个方面明确了自动信息系统在电子商务合同的订立与履行中的效力。

一方面，《电子商务法》消除了法律障碍，承认自动信息系统订立或履行合同的法律效力。因此，通过自动信息系统发送或者接收数据电文与对方自然人或者对方系统进行信息交互，不得仅仅因自动信息系统的自动性（即无自然人确认或者干预系统发出与接收的每一信息），而否定订立或者履行合同的法律效力。本条第 1 款参考了《联合国国际合同使用电子通信公约》第 12 条的规定，即通过自动电文系统与自然人之间的交互动作或者通过若干自动电文系统之间的交互动作订立的合同，不得仅仅因为无自然人复查或干预这些系统进行的每一动作或由此产生的合同而被否定效力或可执行性。

另一方面，自动信息系统未经人工直接干预而自动生成、发送、接收的数据电文，属于使用该系统的法律主体（包括自然人、法人或者其他组织）实施的行为，并由该法律主体承担相应的法律后果。在电子交易中，虽然自动信息系统被俗称为“电子代理人”，但是这并不同于法律上的代理人及代理关系，也不能适用《民法典》关于代理的法律规定。自动信息系统仅是一种工具，并非法律上的权利和义务的主体，其使用者应当对其生成、发送、接收的任何数据电文承担责任。

在缔结或者履行电子商务合同过程中，如自动信息系统发生技术故障，未按照预先设定的程序指令、算法、参数与条件运行，导致数据电文未按时传递、传递不完整或失实，使用自动信息系统的一方当事人应承担相应的法律后果；给对方当事人造成损失的，应当予以赔偿。但是，如自动信息系统因开发者、提供者的原因造成技术故障、错误运行，自动信息系统的使用者在向相对方承担相应合同责任之后，可以依据与开发者、提供者之间的合同关系，向其追偿。

本条第2款的法律推定能够保障交易安全与善意相对人的利益，维护电子商务合同的有效性，同时防止无行为能力人、限制行为能力人的监护人推脱、逃避监护责任，维护电子交易秩序。

但是，无行为能力人、限制行为能力人的法定代理人、监护人如能证明缔约相对人知情，则上述条款关于行为能力的推定可以被推翻。随着电子身份证、实名制等技术与规则的发展，电子商务经营者识别与验证对方当事人身份的能力不断加强。社交电商、网络直播等新型电子商务的发展，也使电子商务经营者从更多渠道，以更直观方式获得消费者行为能力的信息。因此，电子商务经营者及时发现对方当事人属于无完全行为能力人的可能性增大。如果电子商务经营者通过视频对话、身份认证等方式，足以知道缔约对方无完全行为能力，则属于本条第2款规定的相反证据，可以推翻该条款规定的行为能力推定，法定代理人有权依据《民法典》的规定决定是否追认所订立的合同。

关联法规

《民法典》第145条，《联合国国际合同使用电子通信公约》

第四十九条　【电子商务合同成立】电子商务经营者发布的商品或者服务信息符合要约条件的，用户选择该商品或者服务并提交订单成功，合同成立。当事人另有约定的，从其约定。

电子商务经营者不得以格式条款等方式约定消费者支付价款后合同不成立；格式条款等含有该内容的，其内容无效。

条文注释

本条第1款并非一概地承认电子商务经营者发布的商品或者服务信息属于要约,而是将问题聚焦于"是否符合要约条件"上面。根据《民法典》第472条的规定,要约是希望与他人订立合同的意思表示,该意思表示应当符合下列条件:(1)内容具体确定;(2)表明经受要约人承诺,要约人即受该意思表示约束。《民法典》第473条规定,要约邀请是希望他人向自己发出要约的意思表示。拍卖公告、招标公告、招股说明书、债券募集办法、基金招募说明书、商业广告和宣传、寄送的价目表等为要约邀请。商业广告和宣传的内容符合要约条件的,构成要约。

至于电子商务经营者发布的商品或者服务信息是否符合要约条件,是否足够明确,是否具体指明货物或者服务的数量与价格,是否表明发布者受约束的意愿,本条第1款并没有提供具体的判断标准,需要取决于个案的具体情况。随着司法实践的发展和裁判案件的增多,法院可以逐渐从中总结与归纳具体的判断标准。

本条第1款还规定,"当事人另有约定的,从其约定"。当事人之间明确约定,不失为避免争议、促进交易的确定性方法。但是,电子商务经营者与对方当事人在缔结电子商务合同之前,基本上不可能就电子商务经营者发布信息是否符合要约条件进行专门协商与约定。因此,所谓"另有约定"主要是指电子商务经营者将其所发布的信息是否具有约束力制定为格式条款,设置为对方当事人通过自动信息系统提交订单的条件。对方当事人与电子商务经营者的自动信息系统互动、提交订单,则视为其同意电子商务经营者在自动信息系统中设定的格式条款的内容。如果电子商务经营者在自动信息系统中设置其有接受对方当事人提交的订单的自由,则表明电子商务经营者不受其所发布的信息的约束,对方当事人提交的订单方为要约,电子商务经营者有权决定承诺与否。

从保护相对方合理的信赖利益角度来看,用户访问电子商务经营者使用自动信息系统发布的商品或者服务信息,并与之互动、提交订单,有理由相信此种系统发布的信息是有约束力的要约。相对方发出的订单应视为承诺，导致合同有效地订立。如果电子商务经营者不愿受到其所发布的信息的约束，则需与相对方“另行约定”，将有关的格式条款设置在自动信息系统中，保障交易过程的透明度，使相对方提交订单之前或者之时知晓经营者信息发布不受约束、仅为要约邀请的意图，或者声明要约为“先到先得，售完为止”，以免出现库存告罄的风险。例如，《民法典》第 473 条规定，商业广告的内容符合要约条件的，构成要约。互联网拍卖中自动信息系统发布的信息具有约束力，视为要约，已经得到法院认可。总之，如果没有另行约定，电子商务经营者发布的商品或者服务信息很可能被视为要约，对其产生约束力。

本条第 2 款进行了进一步的限制，即电子商务经营者不得以格式条款等方式约定消费者支付价款后合同不成立；格式条款等含有该内容的，其内容无效。

在面向消费者的电子商务活动中，消费者大多数情况下提交订单的同时就完成了电子支付。根据本条第 2 款的规定，电子商务经营者即便在自动信息系统中设置格式条款，约定消费者提交订单、支付价款后合同不成立，该条款也无效，合同仍然成立。本条第 2 款虽然没有完全排除电子商务经营者与消费者另行约定、否定订单约束力的可能（例如，在消费者提交订单但是货到付款、另行支付的情形下，经营者可与消费者另行约定订单无约束力），但是在很大程度上限制了经营者设置格式条款的自由，是对消费者权益的有力保障。

关联法规

《民法典》第 472、473 条，《联合国国际合同使用电子通信公约》第 11 条

第五十条　【电子商务合同订立规范】电子商务经营者应当清晰、全面、明确地告知用户订立合同的步骤、注意事项、下载方法等事项，并保证用户能够便利、完整地阅览和下载。

电子商务经营者应当保证用户在提交订单前可以更正输入错误。

条文注释

从字面上看，本条虽未直接提到自动信息系统，但是使用了“下载方法”“下载”等表达方式，明显是指从互联网等信息网络下载有关信息，因此本条实质上规定的是在电子商务经营者使用自动信息系统订立合同的情况下，对其用户所承担的法律义务。

根据本条第1款的规定，电子商务经营者使用自动信息系统订立合同的，应当清晰、全面、明确地告知用户订立合同相关的技术性、应用性信息，包括订立合同的步骤、信息下载方法、软硬件要求、系统兼容、用户界面等事项，并保证用户能够便利、完整地阅览和下载这些信息。电子商务经营者承担的信息透明义务在传统的合同法律中是不存在的，其不同于《电子商务法》第17条、第19条规定的电子商务经营者的如实披露其提供的商品或者服务信息的义务和提示义务。电子商务经营者因使用自动信息系统而对用户承担信息透明义务，是电子商务合同自动性特征的体现。

本条第2款是针对电子商务的特点制定的。电子商务经营者使用自动信息系统订立合同的，用户在与自动信息系统互动通信的过程中按错按键、误输数据的情况时有发生。相比传统缔约方式中出现的笔误，电子商务用户在与自动信息系统信息互动中误击“确认”键或误点“同意”按钮等情况更为常见。这里的“输入错误”，不包括《电子商务法》第55条规定的错误支付情况。为了避免用户发送错误信息，《电子商务法》规定了电子商务经营者公平设置自动信息系统的义务，即电子商务经营者应当在所使用的自动信息系统中设置有关的保障性措施与程序，给予用户及时纠正输入性错误的机会。

本条第2款规定电子商务经营者应当保证用户在提交订单前可以更正输入错误，与《民法典》第141条的规定一致，即行为人可以撤回意思表示。撤回意思表示的通知应当在意思表示到达相对人前或者与意思表示同时到达相对人。

在实践中，电子商务经营者设置的更正输入错误的程序与步骤通常设定在用户提交订单之前。例如，电子商务经营者在自动信息系统中设置“确认”或者“再次确认”的程序与步骤，提示用户核对其输入信息是否真实、准确,防止用户提交的订单中含有输入错误的信息。但是,如果电子商务经营者设置的自动信息系统允许在用户提交订单之后仍然可以更正输入错误(如电子商务经营者要求用户确认其所提交的订单中有关信息是否真实、准确),也未尝不可。

如果电子商务经营者设置的自动信息系统未能给予用户在提交订单前更正输入错误的程序与机会,用户有权在提交订单之后,及时通知电子商务经营者撤回订单中输入错误的信息,但应避免因此从电子商务经营者处不当获利。

关联法规

《民法典》第141条,《联合国国际合同使用电子通信公约》第14条

第五十一条　【合同标的交付时间与方式】合同标的为交付商品并采用快递物流方式交付的,收货人签收时间为交付时间。合同标的为提供服务的,生成的电子凭证或者实物凭证中载明的时间为交付时间;前述凭证没有载明时间或者载明时间与实际提供服务时间不一致的,实际提供服务的时间为交付时间。

合同标的为采用在线传输方式交付的,合同标的进入对方当事人指定的特定系统并且能够检索识别的时间为交付时间。

合同当事人对交付方式、交付时间另有约定的,从其约定。

条文注释

电子商务合同标的交付时间决定了合同义务的履行。本条根据交付标的的不同规定了不同的交付时间的认定标准。

1. 当事人约定

不论电子商务合同的标的为何种类型,采用何种方式交付,只要合同当事人约定了交付的方式与时间,均从其约定。这体现了私法自治、契约自由。

2. 用快递物流方式交付商品

本条第1款规定,合同标的为交付商品并采用快递物流方式交付的,收货人签收时间为交付时间。

根据《民法典》第224条的规定，动产物权的设立和转让，自交付时发生效力，但是法律另有规定的除外。因此，合同标的交付时间决定财产所有权转移的时间以及风险转移的时间。《电子商务法》第51条第1款将收货人签收快递物流交付的时间认定为合同标的商品的交付时间，符合电子商务销售商品的实际情况。其中，"收货人"可以是电子商务合同的买方，也可以是合同约定的接受交付的其他主体。依据上述规定，向收货人交付约定的商品时产生合同义务履行、商品所有权与风险转移等法律效力。

3. 交付服务

本条第1款规定，合同标的为提供服务的，生成的电子凭证或者实物凭证中载明的时间为交付时间；前述凭证没有载明时间或者载明时间与实际提供服务时间不一致的，实际提供服务的时间为交付时间。

值得注意的是，上述条款规定的"电子凭证或者实物凭证中载明的时间"，有可能与凭证生成时间不完全相同。凭证没有载明时间或者载明时间与实际提供服务时间不一致的，则实际提供服务的时间为交付时间。

4. 采用在线传输方式交付的标的

电子商务合同的交易标的为数字产品（如著作权、专利、商标等知识产权，数据，网络虚拟财产等）的，合同的交付义务通常以在线传输的方式履行。

在具体交易过程中，可能出现收件人未尽合理的注意义务，导致已经进入指定的特定系统的标的，因该系统采用了安全防护技术措施（如垃圾邮件过滤、杀毒软件屏蔽等），而无法为收件人所检索识别的情况。在此情况下，数据电文无法被检索识别是由收件人自己的行为造成的，收件人应当自负其责，不应因此否认或者推迟发件人交付的时间。收件人信息系统的设置还可能导致进入其指定系统的标的，虽然能够被系统所访问与检索，但是因标的编码、加密、语言等原因无法为收件人识别的情况。在此情况下，如当事人之间无约定，应推定合同标的已经向收件人交付；收件人要求发件人提供必要协助的，发件人应协助收件人检索识别所交付的标的。

但是，收件人如能举证证明进入其指定的特定系统的合同标的是因发件人的原因（如数据格式、病毒感染等）无法被检索或者识别，发件人则应承担相应的不交付、不适当交付或者迟延交付标的之后果。

本条第2款没有对在收件人未指定特定系统的情况下，如何判断在线传输的标的交付时间进行规定。在电子商务活动中，绝大多数情况下，缔约当事人都会指定特定的系统用于接收在线传输方式交付的标的。但是也不排除在极少数情况下，当事人没有指定收件的特定系统。在这种情况下，如何认定交付时间，就需要适用其他相关法律的规定。《民法典》第137条第2款规定，未指定特定系统的，相对人知道或者应当知道该数据电文进入其系统时生效。

《民法典》的规定比较符合电子商务发展的现实情况与需要，应予适用。《民法典》的规定反映了远程交易、云存储的电子商务实际情况，可以更为科学合理地认定采用在线传输方式交付合同标的时间，更好地保障交易安全，而且与《联合国国际合同使用电子通信公约》规定的判断标准相一致，即电子通信在收件人的另一电子地址的收到时间是其能够由该收件人在该地址检索并且该收件人了解到该电子通信已发送到该地址的时间。这一规定反映了国际法律发展趋势，可作为本条第2款的补充。

综上所述，合同标的采用在线传输方式交付的，如无指定的特定收件系统，收件人知道或者应当知道该标的进入其系统的时间，为交付时间。当事人另有约定的，从其约定。

关联法规

《民法典》第127、137、224条，《电子签名法》第11条，《联合国国际合同使用电子通信公约》第10条

第五十二条　【使用快递物流方式交付商品的法律规范】电子商务当事人可以约定采用快递物流方式交付商品。

快递物流服务提供者为电子商务提供快递物流服务，应当遵守法律、行政法规，并应当符合承诺的服务规范和时限。快递物流服务提供者在交付商品时，应当提示收货人当面查验；交由他人代收的，应当经收货人同意。

快递物流服务提供者应当按照规定使用环保包装材料，实现包装材料的减量化和再利用。

快递物流服务提供者在提供快递物流服务的同时，可以接受电子商务经营者的委托提供代收货款服务。

条文注释

本条规定了电子商务合同约定以快递物流方式交付商品时，快递物流服务提供者应当履行的法律义务和可以提供的服务。

1. 依法提供快递物流服务义务

《国务院办公厅关于推进电子商务与快递物流协同发展的意见》(国办发〔2018〕1号)在国家层面提出了电子商务与快递物流提高协同水平的政策措施，进一步明确了快递物流是实现电子商务实物交易的主渠道地位。快递物流服务提供者在服务电子商务时，应当遵守《邮政法》《反恐怖主义法》《快递暂行条例》《道路运输条例》等法律、行政法规的规定，依法规范电子商务快递物流服务领域的行为，保障电子商务各方主体权益。

2. 公示服务承诺事项义务

快递物流服务提供者应当在其经营场所，或以互联网等其他方式公示服务承诺事项，这是保护消费者知情权、选择权的基本措施。关于快递物流服务提供者应当公示的服务承诺事项具体内容，以及承诺事项变更后进行公示的具体时限，其他法律、行政法规以及相关标准可以在其权限范围内予以规定。服务能力较强的快递物流服务提供者还可以在国家规定基础之上，自主增加更多的公示内容，直至形成更高的企业标准。

3. 提示查验义务

实践中,包裹最终交付环节的验收确认规范一般包括以下内容:(1)快递物流服务提供者应当严格按照约定的收件地址和收件人进行包裹投递,除非收件人同意,不得要求收件人到指定地点收取包裹。(2)快递物流服务提供者揽收包裹前,应当与电子商务经营者约定包裹交付验收的具体方式,这对电子商务经营者出售商品时向消费者告知收货确认方式有指引作用,对保护消费者知情权和公平交易权有积极意义。(3)在有事先约定的情况下,以及包裹出现毁损等特殊情况下,消费者可以先拆开包裹验视内件商品再作出确认收货或退货决定,有利于及时确定责任人和保留证据线索,为消费者维护自身的合法权利提供了保障。考虑到包裹交付验收的方式多种多样,快递物流服务提供者有义务提示收货人当面查验快递包裹内件,收货人有权要求查验之后再签收快递包裹。

4. 征求收货人同意的义务

本法明确规定交由他人代收的,应当经收货人同意。使用智能快件箱、驿站等非合同约定的方式递送的,快递物流服务提供者都应当事先征得收件人同意,否则将构成违约。

5. 提供绿色快递物流包装义务

本条第3款要求快递物流服务提供者应当按照规定使用环保包装材料,实现包装材料的减量化和再利用。目前,《清洁生产促进法》《循环经济促进法》《固体废物污染环境防治法》等法律对包装提出了总体要求。此外,《铁路法》《海商法》等对货物运输中的包装问题进行了规定。

6. 代收货款服务

本条第4款对快递物流代收货款服务进行了法律界定。代收货款服务不是独立的金融服务,而是以快递物流服务为基础的延伸服务。快递物流服务提供者利用自身服务网络和资源,在提供电子商务快递包裹递送服务的同时,接受电子商务经营者的委托向消费者收取快递包裹内的商品对应的货款。货款的付款义务主体为消费者,消费者拒收商品或者不支付货款时,快递物流服务提供者不承担责任。

关联法规

《快递暂行条例》《国务院办公厅关于推进电子商务与快递物流协同发展的意见》

第五十三条　【电子支付服务提供者的义务】电子商务当事人可以约定采用电子支付方式支付价款。

电子支付服务提供者为电子商务提供电子支付服务，应当遵守国家规定，告知用户电子支付服务的功能、使用方法、注意事项、相关风险和收费标准等事项，不得附加不合理交易条件。电子支付服务提供者应当确保电子支付指令的完整性、一致性、可跟踪稽核和不可篡改。

电子支付服务提供者应当向用户免费提供对账服务以及最近三年的交易记录。

条文注释

本条第1款规定，“电子商务当事人可以约定采用电子支付方式支付价款”，即电子商务活动中由当事人自由合意约定支付价款的方式，当事人可以选择电子支付方式支付价款，也可以选择其他方式支付价款。根据《电子商务法》及其他法律法规的规定，采用格式条款形式约定支付价款的方式的，提供格式条款的一方应当遵循公平原则在合理范围内提供可供选择的支付方式。

本条第2款规定了电子支付服务提供者的告知义务和公平交易义务。电子支付服务提供者的告知义务和公平交易义务与用户的知情权和公平交易权是相对应的。用户的知情权和公平交易权是电子支付服务中最需要重点保护的两项权利。

就知情权而言，电子支付服务提供者的告知义务，应该做到向用户提供有关电子支付服务真实全面的情况，以保障用户对该服务做出正确的判断、选择，特别要就资金安全方面的情况作充分说明。

就公平交易权而言，电子支付服务提供者是价格的制定者、服务方式的操控者，客观上处于优势地位；而用户客观上处于劣势地位，往往可能不得不接受不公平、不合理的交易条件。随着电子商务与电子支付的紧密结合,电子商务消费者的消费习惯也逐渐被改变和重塑,许多电子商务消费者越来越依赖电子支付这一支付手段,用户对电子支付服务提供者在信息上和需求上的依赖增强,使对用户公平交易权的保护变得更加迫切和重要。这也是本款专门规定电子支付服务提供者“不得附加不合理交易条件”的原因所在。

本条第2款还规定电子支付服务提供者应当确保电子支付指令的完整性、一致性、可跟踪稽核和不可篡改。这一规定是针对支付机构中可能存在的交易数据丢失、交易数据篡改、交易数据被劫持等问题而提出的,意在通过对支付服务提供者课加保证支付指令安全性的义务,维护用户的权益。

根据中国人民银行相关规定、ISO/IEC 27000 – 2018(信息技术—安全技术—信息安全管理系统—概述和词汇)、GB/T 27910 – 2011(金融服务信息安全指南)以及其他相关文件的规定,完整性、一致性、可跟踪稽核和不可篡改等可作如下理解。

(1)完整性。指令能够准确、完全地表达用户意志,完整性要求交易信息包括但不限于下列内容:①交易渠道、交易终端或接口类型、交易类型、交易金额、交易时间以及直接向客户提供商品或者服务的特约商户名称、编码和按照国家与金融行业标准设置的商户类别码;②收付款客户名称、收付款支付账户账号或者银行账户的开户银行名称及账号;③付款客户的身份验证和交易授权信息;④有效追溯交易的标识;⑤单位客户单笔超过5万元的转账业务的付款用途和事由。

(2)一致性。支付指令在全流程中,在物理和逻辑上保持数据的一致性,以确保支付指令最终按照用户正确意志执行。

(3)可跟踪稽核。与反洗钱等相关监管要求一致,电子支付服务提供者应构建客户身份识别和客户身份资料及交易记录保存管理机制。

(4)不可篡改。电子支付服务提供者应建立完善的信息安全保障机制,充分确保电子支付指令在全流程中不被篡改,免受包括外部攻击和内部的违法违规操作等的影响,以达到完整性、一致性的要求。

本条第3款规定了电子支付服务提供者免费提供对账服务及保存交易记录的义务，并明确了电子支付服务提供者必须保存近3年的交易记录供用户查询。

电子支付服务提供者向用户免费提供对账服务以及最近3年的交易记录时应当遵守相关法律法规的具体规定，充分保障个人信息安全。

关联法规

《电子支付指引（第一号）》《非金融机构支付服务管理办法》《非金融机构支付服务管理办法实施细则》《非银行支付机构网络支付业务管理办法》

第五十四条　【电子支付安全管理要求】电子支付服务提供者提供电子支付服务不符合国家有关支付安全管理要求，造成用户损失的，应当承担赔偿责任。

条文注释

本条明确要求电子支付服务提供者提供电子支付服务必须符合国家有关支付安全管理要求，造成用户损失的，应当承担赔偿责任。

支付指令的电子化极大地提高了支付的效率，但同时也对支付指令发起和传输过程中用户资金安全的保障提出了新的挑战。在支付指令的发起和传输过程中，可能会出现信用卡盗用、欺诈和病毒入侵电子支付系统篡改支付指令等威胁用户资金安全、个人信息安全的情况。电子支付服务提供者因未履行安全保障义务导致用户遭受损失的，应对用户承担损害赔偿责任。本条之所以未规定具体的支付安全管理要求，是既考虑到新技术爆发背景下支付安全要求的不断变动与发展，避免因条文死板而导致责任不清的情况发生，同时又为有关部门根据实际情况灵活调整安全管理要求留下空间。

关联法规

《电子支付指引（第一号）》《非金融机构支付服务管理办法》

《非金融机构支付服务管理办法实施细则》《非银行支付机构网络支付业务管理办法》

第五十五条 【错误支付的法律责任】用户在发出支付指令前，应当核对支付指令所包含的金额、收款人等完整信息。

支付指令发生错误的，电子支付服务提供者应当及时查找原因，并采取相关措施予以纠正。造成用户损失的，电子支付服务提供者应当承担赔偿责任，但能够证明支付错误非自身原因造成的除外。

条文注释

错误支付，是指支付指令本身或者支付指令在履行时出现问题，导致支付后果与支付指令发出者本来意图不符，可能的错误包括：付款人错误、付款账号错误、收款人错误、收款账号错误、金额错误、支付时间错误、支付指令重复发出等。错误支付的原因可能包括：发出前的支付指令即存在错误；发出中的支付指令因某种原因出现更改，到达支付服务提供者时与原支付指令不符；正确的支付指令被支付服务提供者错误执行或者被多次重复执行。

支付指令，是指付款人以纸质、磁介质或电子形式发出的，按照收款人的要求，办理确定金额的资金转账命令。在电子支付场合中，支付指令以电子形式存在。支付指令必须由付款人主动请求才具有效力。对支付指令的内容进行确认和核对是作为付款人的用户的重要权利与义务。支付指令是支付服务提供者进行资金转移的唯一依据，支付服务提供者必须依照支付指令准确无误地完成支付，如果支付指令本身出现问题，必然导致支付本身出现错误。

支付指令所记载的内容至少包括：(1)付款人名称；(2)确定的金额；(3)收款人名称；(4)付款人的开户银行名称或支付机构名称；(5)收款人的开户银行名称或支付机构名称；(6)支付指令的发起日期等。用户应当有对上述内容进行逐一审核的权利，并因此承担保证上述内容在指令发出时不出现错误的义务。

发出正确的指令是用户的基本义务，忠实履行用户发出的支付指令是电子支付服务提供者的基本义务。一般而言,支付指令经确认正式发出后不可撤回或更改。如果支付指令出现与用户本来意图相违背的情况,且此种情况是因为用户的过错导致的,责任应由用户承担。一方面,交易信息的真实性、完整性、可追溯性及一致性是有效识别用户支付行为、开展风险防控、保障交易安全及维护用户权益的重要基础;在用户发出支付指令前,规定用户对支付指令的准确性进行确认,是为了更好地保障用户权益。另一方面,一旦用户发出了指令,默认该指令是用户真实的意思表示;无论是从民法的意思自治原则出发还是从商法的外观主义出发,用户都应当对自己的行为负责。

本条充分参考国内外既有法律法规,并考虑到我国电子商务活动中电子支付的特点,对于错误支付的归责采取了过错责任的立场。所谓过错责任,是指造成损害并不必然承担赔偿责任,必须要看行为人是否有过错,有过错有责任,无过错无责任。因用户原因导致的错误支付由用户承担,因电子支付服务提供者原因导致的错误支付由电子支付服务提供者承担,坚持了风险自担和公平的一般原则。

同时,为了合理保护电子支付服务用户权益,本条第2款也规定了电子支付服务提供者查明错误支付原因的义务,并在此基础上进一步规定了过错推定原则。支付指令发生错误的,电子支付服务提供者应当及时查找原因,并采取相关措施予以纠正。造成用户损失的,电子支付服务提供者应当承担赔偿责任,但能够证明支付错误非自身原因造成的除外。采取这一立场的原因在于用户作为电子支付服务的消费者,往往并没有足够的能力证明电子支付服务提供者在错误支付中的过错,现代电子支付高度依赖科技,复杂的技术应用加深了用户取证的难度,而电子支付服务提供者掌握了支付指令履行的全过程,更有能力发现错误发生的原因,进而发现过错方。因此,本款规定应由电子支付服务提供者承担过错的举证责任,如果电子支付服务提供者无法证明支付错误非自身原因造成的,应当承担赔偿责任。

关联法规

《电子支付指引(第一号)》第5章,《非银行支付机构网络支付业务管理办法》

第五十六条　【向用户提供支付确认信息的义务】电子支付服务提供者完成电子支付后,应当及时准确地向用户提供符合约定方式的确认支付的信息。

条文注释

本条是关于电子支付服务提供者对用户的确认义务以及提示义务的规定。支付确认是整个支付环节重要的步骤,对其单独进行规定凸显了它的重要性。支付确认的最终目的在于提示电子支付法律关系的双方慎重交易,进而提高交易整体的安全性。"支付确认"环节有以下三点要求。

(1)及时性要求。电子支付服务提供者应在支付完成后的合理范围内毫不拖延地反馈确认支付信息给用户。(2)准确性要求。电子支付服务提供者应在支付完成后,将能够真实、精确反馈支付结果的确认支付信息反馈给用户。在电子支付服务完成后,电子支付服务提供者应当采取有效措施,确保客户收到交易结果的确认信息,保证交易成功。因交易超时、无响应或者系统故障导致支付指令无法正常处理的,或因客户原因造成支付指令未执行、未适当执行、延迟执行的,支付机构应当主动告知,并在异常情况出现后,自行采取措施处理或通知用户更改、协助用户采取补救措施等。成功支付后的确认支付信息应至少包括:交易渠道、交易终端或接口类型、交易类型、交易金额、交易时间、付款账户,以及直接向客户提供商品或者服务的特约商户名称、编码和按照国家与金融行业标准设置的商户类别码等。(3)确定性要求。确认支付信息的方式应符合约定,以清楚明白、易于了解的语言表达确认支付信息,且不得随意变动提供确认支付信息的方式。

关联法规

《电子支付指引(第一号)》《非银行支付机构网络支付业务管理

办法》

第五十七条　【未授权支付】用户应当妥善保管交易密码、电子签名数据等安全工具。用户发现安全工具遗失、被盗用或者未经授权的支付的，应当及时通知电子支付服务提供者。

未经授权的支付造成的损失，由电子支付服务提供者承担；电子支付服务提供者能够证明未经授权的支付是因用户的过错造成的，不承担责任。

电子支付服务提供者发现支付指令未经授权，或者收到用户支付指令未经授权的通知时，应当立即采取措施防止损失扩大。电子支付服务提供者未及时采取措施导致损失扩大的，对损失扩大部分承担责任。

条文注释

本条第1款规定用户有妥善保管电子支付安全工具及遗失及时告知的义务。电子支付中用户也应当承担相应义务，如妥善保管包括密码、个人信息在内的安全工具，并在安全工具遗失、被盗或者发现未经授权的电子支付时及时通知电子支付服务提供者，诚实善意使用电子支付服务。如果出现明显因用户原因导致安全工具、授权验证凭证泄露或者用户恶意与他人串通等情况，用户应当承担相应的法律责任。敦促用户妥善保存安全工具，并及时告知风险事件，有利于加强消费者教育与保护，减少未授权支付中用户欺诈的道德风险，维护电子支付行业稳定，保障金融安全，促进电子商务健康发展。

考虑到公平问题与举证难度，本条第2款规定电子支付服务提供者承担严格责任，即未经授权的支付造成的损失，原则上由电子支付服务提供者承担；电子支付服务提供者只有在能够证明未经授权的支付是因用户的过错造成的场合，才不承担责任。需要指出的是，用户的“过错”应当理解为“故意或者重大过失”。在用户与电子支付服务提供者都有过错的情况下，由于电子支付服务提供者处于支付安全的最后一道防线，电子支付服务提供者较之用户，处于最佳防控支付风险的位置,因此在用户与电子支付服务提供者均存在过错的场合,未经授权的支付造成的损失,由电子支付服务提供者承担。

本条第3款明确了电子支付服务提供者发现或被通知支付指令未经授权时的止损义务。止损义务,是指损失发生后,电子支付服务提供者在知道或应当知道该损失发生情况后应当积极采取措施防止损失的扩大,未能阻止损失扩大或未能积极作为而放任损失扩大的,对损失扩大的部分承担责任。规定电子支付服务提供者的止损义务,是因为电子支付服务提供者最有条件,也最有责任去发现未授权支付行为,电子支付服务提供者在知道或者应当知道发生支付未授权或者存在较高风险时,应当采取包括冻结账户、拒绝交易、追回资金等有效措施阻止损失扩大,否则应当承担损失扩大的责任。

电子支付服务提供者的止损义务与未经授权的支付是因谁的过错而导致无关,即使用户的过错为未经授权的支付发生的全部或主要原因,电子支付服务提供者仍应善尽止损义务,防止损失扩大,如果电子支付服务提供者在知道或者应当知道发生支付未授权或者存在较高风险后,未及时采取措施导致损失扩大,应当对损失扩大部分承担责任。

第四章　电子商务争议解决

第五十八条　【商品、服务质量担保机制和先行赔偿责任】国家鼓励电子商务平台经营者建立有利于电子商务发展和消费者权益保护的商品、服务质量担保机制。

电子商务平台经营者与平台内经营者协议设立消费者权益保证金的，双方应当就消费者权益保证金的提取数额、管理、使用和退还办法等作出明确约定。

消费者要求电子商务平台经营者承担先行赔偿责任以及电子商务平台经营者赔偿后向平台内经营者的追偿，适用《中华人民共和国消费者权益保护法》的有关规定。

条文注释

本条是关于鼓励电子商务平台经营者建立质量担保机制、设立消费者权益保证金以及承担先行赔偿责任的规定。

本条第1款倡导和鼓励电子商务平台经营者建立商品、服务质量担保机制。对该款规定可以作以下理解：(1)鼓励由电子商务平台经营者(发起)建立商品、服务质量担保机制。(2)电子商务平台经营者所建立的质量担保机制，应当有利于电子商务发展和消费者权益保护。(3)该质量担保机制的保证人并不限于电子商务经营者，也可以由电子商务经营者或者第三方机构中的一方单独作出或者多方共同(联合)作出。第三方机构可以是保险公司、担保公司或者其他能够独立承担民事法律责任的第三方(机构)。(4)(质量)保证人作出的担保应符合或者高于法定或者交易合同约定的标准。

本条第2款规定的“消费者权益保证金”，是指该电子商务平台经营者与平台内经营者之间达成协议，由平台内经营者交纳的用于保障消费者合法权益的专用款项。协议中应当就消费者权益保证金的提取数额、管理、使用和退还办法等内容作出明确约定。此外,协议还需要对交纳义务人、交纳标准、期限、赔偿对象、赔偿范围、赔偿标准和赔偿程序等进行约定,以保障平台内经营者的合法权益。

对于平台内经营者交纳的消费者权益保证金,电子商务平台经营者应当尽到安全存管义务。电子商务平台经营者应当将消费者权益保证金与企业自有资金分离存管,并制定合理措施和制度保证其能够被专款专用。

本条第3款是援引《消费者权益保护法》的规定,即在特定情况下,消费者有权要求电子商务平台经营者承担先行赔偿责任;电子商务平台经营者赔偿后,有权向平台内经营者追偿。

关联法规

《消费者权益保护法》第44条

第五十九条 【电子商务经营者的投诉举报机制】电子商务经营者应当建立便捷、有效的投诉、举报机制,公开投诉、举报方式等信息,及时受理并处理投诉、举报。

条文注释

1. 电子商务经营者接受投诉、举报

根据《电子商务法》第59条的规定,电子商务经营者应当建立接受用户投诉、举报的机制。此为强制性法律规范,赋予了电子商务经营者一项新的法律义务。

电子商务经营者直接接受投诉、举报是一项新的法律制度。在以往的法律、行政法规中,经营者与交易对方(消费者)发生争议,通常处于被投诉、举报的地位。例如,《消费者权益保护法》第37条、第39条规定,消费者可以向消费者协会或者有关行政部门投诉,并未规定消费者直接向经营者投诉。

《电子商务法》第59条的规定,一方面是结合《电子商务法》第60条的规定,促进电子商务经营者及时从用户(包括消费者)处了解发生争议的信息,及时通过协商化解电子商务争议;另一方面是充分考虑到电子商务平台经营者在解决平台内经营者与用户（包括消费者）之间争议的地位、能力，结合《电子商务法》第63条的规定，发挥电子商务平台经营者解决电子商务争议的作用，提高争议解决效率，降低争议解决成本。电子商务争议如能通过投诉、举报解决，则无须诉诸诉讼、仲裁、调解、行政处理等传统的争议解决方式，符合网上争议、网上解决的便利化原则。

虽然所有的电子商务经营者均负有接受投诉、举报的义务，但因经营者类别不同，其接受投诉、举报的情形也有所不同。

第一类是独立经营者。通过自建网站或者其他网络服务销售商品或者提供服务的独立经营者建立投诉、举报机制，便于其用户直接反馈有关问题，包括投诉销售的商品或者提供的服务的质量问题、举报有关违法犯罪行为。

独立经营者受理用户的投诉、举报并及时加以处理，是其完善用户服务，提升商品、服务质量，及时避免与预防有关纠纷，接受公众监督、提高经营水平的重要渠道。

第二类和第三类是电子商务平台经营者与平台内经营者。电子商务平台经营者与平台内经营者均应建立投诉、举报机制，两个机制之间既相互联系又相对独立。平台内经营者的投诉、举报机制的作用与独立经营者的类似。

电子商务平台经营者接受关于平台内经营者的投诉、举报，情况则更加复杂。电子商务平台经营者接受有关各方对平台内经营者的投诉与举报，是其平台治理的组成部分，是电子商务平台经营者进行监督与治理的方式之一。电子商务平台经营者应当根据《电子商务法》第32条至第34条、第36条的规定，在与平台内外的有关各方达成共识的基础上，建立有关接受投诉、举报的规则，设定有关的自动信息系统与程序，公开受理及处理的时限及处理结果的公示方式；受理有关的投诉、举报后，根据规则处理平台内经营者，并及时公示有关结果。

同时，电子商务平台经营者还应当接受平台内经营者、用户（包括消费者）、其他经营者、知识产权人或者其他平台之外社会公众对其自身平台服务、经营方式与治理行为不满的投诉与举报。此时，电子商务平台经营者是被投诉与举报的对象。

2. 投诉、举报机制的法定要求

根据《电子商务法》第59条的规定，电子商务经营者的投诉、举报机制应当便捷、有效，投诉、举报的受理与处理应当及时，投诉、举报方式等信息应当公开。

电子商务经营者可以通过系统公告、电子邮件等方式向用户及公众公示投诉、举报方式的信息，使用户及公众能便捷地获知投诉、举报方式与渠道；有关投诉、举报的自动信息系统可以内嵌于用户后台，也可以采用电子邮箱进行举报、投诉。但无论采用哪种具体方法，均应便捷、有效，不得虚与委蛇，设置虚假、无效的投诉、举报机制，欺骗用户与公众。

电子商务经营者在收到投诉、举报后，不仅应当及时予以受理，而且应当在合理的时间内进行处理。电子商务经营者应当将投诉、举报的受理情况与处理结果及时告知投诉人或举报人，或者为其提供相应的查询系统。目前大多数成熟的电子商务经营者，特别是电子商务平台经营者均已建立消费者投诉、举报机制。通常情况下，消费者进入电子商务平台经营者为其提供的自动信息系统后，可以较为便捷地找到投诉页面，发起投诉、跟踪受理状况并查询处理结果。

由于投诉、举报可能涉及法律保护的秘密信息，因此，《电子商务法》第59条并未规定电子商务经营者应当公示投诉、举报的处理结果。

3. 投诉与举报的不同处理

《电子商务法》第59条规定电子商务经营者应当接受的投诉与举报，在法律性质上并不相同。

(1)投诉的处理。用户(包括消费者)投诉电子商务经营者的，不论是对电子商务经营者销售的商品或者提供的服务质量不满，还是在付款、收货、信息保护等方面有其他纠纷，本质上都属于民事纠纷，电子商务经营者可以通过协商谈判等方式处理，以此定分止争，尽量避免进入正式的争议解决程序。

电子商务经营者认为无法通过内部程序处理投诉的，应及时告知投诉人可以根据《电子商务法》第60条的规定，付诸任一争议解决方式。

(2)举报的处理。用户、知识产权人或者其他公众提出举报则表明有涉嫌违法犯罪情况发生，包括电子商务经营者涉嫌违法犯罪，或者经营者电子商务系统中有其他人涉嫌违法犯罪。对此，电子商务经营者不仅应当在能力所及的范围内及时制止被举报的违法犯罪行为，而且应当报告相关执法机构，并告知举报人通过有关的法律途径解决。

例如，电子商务经营者违反《电子商务法》第13条的规定，销售或者提供为法律、行政法规所禁止交易的商品或者服务的，无论何人举报，电子商务经营者均应立即停止、改正有关行为。电子商务平台经营者收到有关举报的，应当根据《电子商务法》第29条的规定，立即采取必要处置措施，并向有关主管部门报告。

又如，电子商务平台经营者根据《电子商务法》第30条的规定，有义务保证网络安全、稳定运行，防范网络违法犯罪活动，有效应对网络安全事件，保障电子商务交易安全。一旦电子商务平台经营者收到任何关于其系统内发生黑客入侵、信息泄露等网络违法犯罪活动或者系统瘫痪等网络安全事件的举报，必须立即采取技术措施或者其他必要措施（如暂停交易、固定证据等），并及时向有关部门报告，移送有关信息、线索，协助执法活动。电子商务平台经营者所采取的所有处理措施与结果，均应及时公示。涉及用户（消费者）个人信息泄露或者遭受其他损害的，电子商务平台经营者还应当逐一、分别通告用户（消费者）。

第六十条 【电子商务争议五种解决方式】电子商务争议可以通过协商和解，请求消费者组织、行业协会或者其他依法成立的调解组织调解，向有关部门投诉，提请仲裁，或者提起诉讼等方式解决。

条文注释

本条规定的5种电子商务争议解决方式性质不同，法律机制各异，相互关系复杂，不可一概而论。

1. 协商和解

本条规定的当事人之间协商和解的争议解决方式，是与《电子商务法》第59条规定的电子商务经营者接受有关用户（消费者）投诉的机制相衔接与配合的。当然，电子商务经营者没有收到有关投诉，直接与相对方协商解决争议，也无不可。

2. 调解

根据本条规定，消费者组织、行业协会或者其他依法成立的调解组织均可对电子商务争议予以调解。

《电子商务法》第8条规定了电子商务行业组织有开展行业自律、监督与引导本行业经营者公平参与市场竞争等职责，调解电子商务争议包括在其中。此外，其他具备条件的商会、行业协会等也可以设立商事调解组织、行业调解组织，在电子商务、知识产权、国际贸易等专门领域提供商事调解服务或者行业调解服务，发挥其专业化、职业化的优势。

本条规定的"其他依法成立的调解组织"范围很广，其中在线调解组织尤其突出。线上调解程序打破了地域和时间的界限，网友可以通过线上报名申请成为调解员调解争议，在当事人均同意的前提下，调解过程、全案信息可以在网上公开，避免"暗箱操作"带来的风险。

3. 行政投诉

本条规定的"向有关部门投诉"，是指向依法负有处理电子商务争议职责的行政机关投诉。随着电子政务的发展，越来越多的行政机关可以在线接受有关投诉。

通过向有关部门投诉，以行政调解、行政和解、行政裁决等方式解决争议，是电子商务争议解决的重要方式。行政机关对行政赔偿、补偿以及行政机关行使法律法规规定的自由裁量权的案件开展行政调解工作；行政机关通过提供事实调查结果、专业鉴定或者法律意见，引导当事人协商和解；行政机关依法裁决同行政管理活动密切相关的民事纠纷，均应得到支持与认可。

4. 仲裁

仲裁在经营者之间的跨境电子商务中发挥重要作用，但一般不适用于消费者纠纷。

根据《仲裁法》的规定，当事人采用仲裁方式解决纠纷，应以双方自愿达成的仲裁协议为基础与前提；仲裁协议包括合同中订立的仲裁条款和以其他书面方式在纠纷发生前或者纠纷发生后达成的请求仲裁的协议；仲裁协议应当具有请求仲裁的意思表示、仲裁事项、选定的仲裁委员会等内容。根据《民法典》与《电子商务法》的规定，当事人之间的仲裁协议可以采用数据电文方式达成，以电子商务合同的形式出现。电子商务经营者也可以在其自动信息系统中设置仲裁条款，使通过该系统订立的电子商务合同含有仲裁协议。

5. 诉讼

诉讼是电子商务争议解决的重要方式与终极保障。司法改革过程中，我国一直重视信息技术的应用，以适应电子商务争议解决的需要。《最高人民法院关于人民法院在互联网公布裁判文书的规定》《最高人民法院关于人民法院通过互联网公开审判流程信息的规定》均规定，裁判文书与庭审过程均可通过专门的信息系统予以公开与传播，切实提高司法系统的透明度，接受社会公众的监督。

除了本条规定的 5 种电子商务争议解决方式之外，《电子商务法》第 63 条还规定了另外一种争议解决方式，即由电子商务平台经营者建立争议在线解决机制，作为电子商务争议解决的创新与重要补充。

第六十一条　【协助维权义务】消费者在电子商务平台购买商品或者接受服务，与平台内经营者发生争议时，电子商务平台经营者应当积极协助消费者维护合法权益。

条文注释

本条规定的“积极协助”，对于电子商务平台经营者而言，其在态度上应当是积极的，在行为上也应当积极“作为”。“协助”义务的具体内容包括电子商务平台经营者积极受理并处理消费者的投诉，积极履行提供平台内经营者基本信息、有关交易信息，协助联系平台内经营者，协助办理退货退款，协助执行及其他相关协助义务。提供基本信息义务，是指如果该争议不是由电子商务平台经营者直接进行解决，而是由司法机关、相关部门或其他第三方处理，电子商务平台经营者有义务向该相关方提供平台内经营者的主体资质信息、交易信息及其他相关信息。此外，积极协助义务还包括由电子商务平台经营者在具备条件时建立平台内调解机制。

然而，积极协助并不是无限制的，电子商务平台经营者应当根据消费者的申请或要求，在法律规定或者约定的范围内为消费者提供积极协助，协助行为不得违反法律、行政法规的规定，也不得侵害其他经营者、消费者或者其他第三方的合法权益。

适用要点

电子商务平台经营者履行协助义务应具备一定条件，具体如下：(1)消费者在该电子商务平台购买商品或者接受服务；(2)消费者因上述交易与平台内经营者发生争议；(3)消费者通过相应的程序通知电子商务平台经营者需要其提供协助，或者电子商务平台经营者发现消费者因上述交易与平台内经营者发生争议且需要协助。

本条规定的“争议”，是指电子商务合同当事人(平台内经营者与消费者)对合同的订立、生效、履行等方面发生分歧、产生纠纷，需要通过协商、投诉、举报、调解、提起诉讼或者申请仲裁等方式才能解决的纠纷。

关联法规

《网络交易监督管理办法》

第六十二条 【电子商务经营者提供原始合同和交易记录的义务】在电子商务争议处理中，电子商务经营者应当提供原始合同和交易记录。因电子商务经营者丢失、伪造、篡改、销毁、隐匿或者拒绝提供前述资料，致使人民法院、仲裁机构或者有关机关无法查明事实的，电子商务经营者应当承担相应的法律责任。

条文注释

本条规定，在电子商务争议处理中，电子商务经营者应当提供原始合同和交易记录。该规定表明，不仅在诉讼、仲裁、行政处理程序中，而且在《电子商务法》第60条规定的协商和解、调解、行政投诉、仲裁、诉讼等其他争议解决程序中，电子商务经营者也应提供有关的证据，以便查清有关事实，解决有关争议。

需要注意的是，根据本条规定，仅在诉讼、仲裁、行政处理程序中，电子商务经营者违反提供证据义务（隐匿、拒不提供证据或者丢失、伪造、篡改、销毁证据），致使人民法院、仲裁机构或者有关机关无法查明事实的，电子商务经营者应当承担相应的法律责任。

本条所列举的电子商务经营者违反提供证据义务的行为包括故意行为与过失行为，前者包括隐匿、拒不提供、伪造、篡改、销毁证据的行为，后者包括丢失证据的行为。电子商务经营者故意伪造、毁灭原始合同与交易记录等重要证据的，属于《民事诉讼法》规定的妨害民事诉讼的行为，人民法院可以根据情节轻重予以罚款、拘留；构成犯罪的，依法追究刑事责任。电子商务经营者违反法律、行政法规的规定，丢失有关重要证据的，属于疏于保管电子商务信息系统与数据的过失行为，虽不在《民事诉讼法》处罚的范围之内，但是也应在相应的诉讼、仲裁、行政处理程序中受到警告与训诫。

关联法规

《民事诉讼法》，《电子商务法》第31条，《最高人民法院关于审理侵害信息网络传播权民事纠纷案件适用法律若干问题的规定》

第六十三条　【电子商务平台争议在线解决机制】电子商务平台经营者可以建立争议在线解决机制，制定并公示争议解决规则，根据自愿原则，公平、公正地解决当事人的争议。

条文注释

从本条的规定来看，电子商务平台争议在线解决机制具有自愿性、中立性与在线性等突出特征。

1. 自愿性

电子商务平台争议在线解决机制的自愿性包含两个方面：一方面，电子商务平台经营者可以自愿建立争议在线解决机制。平台经营者一旦决定建立争议在线解决机制，就应当“制定并公示争议解决规则”。平台争议解决规则的合法性及制定、修改、公示的程序应当准用《电子商务法》第32条至第34条的规定。另一方面，电子商务平台争议在线解决机制应当基于当事人的自愿选择而被适用于相关的电子商务争议。有关争议的当事人完全可以不选择电子商务平台在线争议解决机制，而选择《电子商务法》第59条规定的传统的争议解决方式。电子商务平台经营者无权强迫平台内经营者或者其他当事人接受平台争议解决规则的约束或者电子商务平台争议在线解决机制的管辖。这是电子商务平台争议在线解决规则不同于其他交易规则之处，经营者或者消费者不因使用平台服务而被强制适用电子商务平台的争议解决机制。

2. 中立性

本条要求电子商务平台经营者“公平、公正地解决当事人的争议”，这即是对电子商务平台争议在线解决机制的中立性要求。

电子商务平台争议在线解决机制所能解决的争议包括平台内经营者之间的争议、平台内经营者与消费者之间的争议以及平台内经营者与其他主体（如知识产权人）之间的争议。为了实现“公平、公正地解决”争议的法定目标，电子商务平台经营者建立的电子商务平台争议在线解决机制所能解决的争议不应包括涉及电子商务平台经营者自身的争议，即电子商务平台经营者不能作为争议的当事人。因此，电子商务平台争议在线解决机制必须具有中立性，保证电子商务平台经营者在争议解决程序中仅作为中立的第三方，而非任何争议的当事人。

此外，《电子商务法》第61条规定的争议解决程序不包括第63条规定的电子商务平台争议在线解决机制。否则，电子商务平台经营者在其所建立的争议解决机制中“积极协助消费者”维权，明显违反电子商务平台争议在线解决机制的中立性原则。

3. 在线性

本条明确规定电子商务平台经营者建立的是争议“在线解决机制”。在线性是电子商务平台争议在线解决机制最突出的特征。《电子商务法》第60条规定的争议解决方式可以采取线下传统方式，也可以采取在线方式，但是第63条所规定的争议解决机制只能采取在线方式。如果电子商务平台争议解决机制采取线下传统方式，则丧失了制度创新的价值与意义。

第五章　电子商务促进

第六十四条　【电子商务发展规划和产业政策】国务院和省、自治区、直辖市人民政府应当将电子商务发展纳入国民经济和社会发展规划，制定科学合理的产业政策，促进电子商务创新发展。

第六十五条　【电子商务绿色发展】国务院和县级以上地方人民政府及其有关部门应当采取措施，支持、推动绿色包装、仓储、运输，促进电子商务绿色发展。

条文注释

第65条明确了国务院和县级以上地方人民政府及其有关部门在电子商务绿色发展中应当履行的责任，聚焦在绿色包装、绿色仓储、绿色运输等主要方面。绿色包装、绿色仓储、绿色运输是制约电子商务及其相关产业可持续发展的重要问题，电子商务立法发挥引领作用，支持电子商务向绿色产业链方向发展。

为支持、推动绿色包装、绿色仓储、绿色运输，促进电子商务绿色发展，政府部门和行业协会应进一步完善相关行业标准，建立与实际生产相适应的标准化体系，并根据实际情况做到及时更新。电子商务经营者需要不断提升环保意识，强化企业的社会责任，强化创新意识，采用“工业4.0”的先进设计理念和大数据、云计算技术，开发出具有自主知识产权的新型绿色产品以服务于电子商务的绿色发展。

第六十六条　【基础设施建设、统计制度和标准体系建设】国家推动电子商务基础设施和物流网络建设，完善电子商务统计制度，加强电子商务标准体系建设。

条文注释

根据本条的规定，电子商务发展的基础主要包括以下四个方面：电子商务基础设施、物流网络、统计制度和标准体系。

1. 电子商务基础设施

为了促进电子商务发展，国家推动电子商务基础设施的建设，具体包括电子通信基础设施、物流快递基础设施、电子支付基础设施、电子商务信用体系等。

2. 电子商务物流网络

电子商务中的物流，是指物流企业采用网络化的计算机技术和现代化的硬件设备、软件系统及先进的管理手段，针对社会需求，按用户的订货要求，进行一系列分类、编码、整理、配货等工作，将商品交给各类用户，满足用户对商品的需求。这种新型的物流模式带来了流通领域的巨大变革，越来越多的企业开始积极搭乘电子商务快车，采用电子商务物流模式。

3. 电子商务统计制度

电子商务统计制度的统计指标体系包括电子商务交易额、网络零售额、实物商品网上零售额、占社会消费品零售总额的比重、电子商务就业人员以及对中国经济增长的贡献率等。目前进行电子商务统计的有国家统计局和商务部等部门。

4. 电子商务标准体系

目前，电子商务标准分为两大类：面向商务活动的业务标准和面向支撑体系的支撑体系标准。为了保障电子商务的良性发展，还需要制定监督管理类标准，具体包括电子商务服务质量、发展评价和标准符合性测试等方面的内容。此外，还有一些基础技术类标准对于电子商务的实现也是不可缺少的。综上所述，电子商务标准体系应包括基础技术标准、业务标准、支撑体系标准和监督管理标准四大类别。

第六十七条　【电子商务与各产业融合发展】国家推动电子商务在国民经济各个领域的应用，支持电子商务与各产业融合发展。

第六十八条 【农村电子商务与精准扶贫】国家促进农业生产、加工、流通等环节的互联网技术应用，鼓励各类社会资源加强合作，促进农村电子商务发展，发挥电子商务在精准扶贫中的作用。

关联法规

《国务院关于大力发展电子商务加快培育经济新动力的意见》《国务院关于积极推进“互联网+”行动的指导意见》《国务院办公厅关于促进农村电子商务加快发展的指导意见》

第六十九条 【电子商务交易安全与公共数据共享】国家维护电子商务交易安全，保护电子商务用户信息，鼓励电子商务数据开发应用，保障电子商务数据依法有序自由流动。

国家采取措施推动建立公共数据共享机制，促进电子商务经营者依法利用公共数据。

条文注释

电子商务活动风险的特殊性，使安全原则在网络空间获得新内涵。信息是电子商务活动的基础，因此，电子商务交易安全的核心为数据信息安全。首先，《电子商务法》要保障交易信息的安全，即信息在存储、传输等整个过程中，不遭受拦截、丢失、非法泄露等影响，以保障电子支付和物流的顺利进行，即履约安全。其次，《电子商务法》要保障交易当事人人身和财产安全，保障用户个人信息免受非法收集、利用和泄露，个人账户资金不被盗取。《电子商务法》在保障企业和用户安全的同时，也应对国家安全有所关注。第三方电子商务平台存储有大量交易数据，这些交易数据事关我国经济安全，基于国家安全的考虑，电子商务数据应在法律规定的范围内有序流动。

为了实现电子商务交易的真实性、可靠性和安全性，交易双方需要对交易全过程中涉及的主体登记注册信息、资质信息、商品或者服务信息、物流信息进行查验或认证。为满足电子商务产业发展对公共数据信息共享的需求，《电子商务法》鼓励建立公共数据信息的共享机制，促进经营者和消费者依法合理利用公共数据信息，保障电子商务交易安全。

第七十条 【电子商务信用评价】国家支持依法设立的信用评价机构开展电子商务信用评价，向社会提供电子商务信用评价服务。

条文注释

本条旨在鼓励电子商务经营主体，特别是电子商务平台经营者和较大的电子商务经营者，以及第三方信用评价机构建立电子商务信用评价体系。本条所称“依法设立”，主要是指《征信业管理条例》第6条规定：“设立经营个人征信业务的征信机构，应当符合《中华人民共和国公司法》规定的公司设立条件和下列条件，并经国务院征信业监督管理部门批准……”但如果信用评价涉及的不是针对个人征信业务，而是针对电子商务经营者的信用评价，那么其他依法设立的信用评价机构也可以从事相应的信用评价服务。

关于电子商务信用评价，目前存在的比较突出的问题在于，信用评价机构和来源比较单一，往往是由平台来主导建立信用评价机制，相应的信用评价规则由平台制定，而且评价的基础和信息都是基于平台内的信息，相对而言比较封闭。也正是因为这一点导致了比较猖獗的“刷单”“炒信”等弄虚作假的行为，严重侵害消费者的权益，也扭曲了信用制度本来应该发挥的奖优罚劣的效果。

为此，根据本条规定的精神，电子商务信用评价应该具有开放性，而不应该垄断在电子商务平台经营者的手中，任何具有资质的第三方，只要符合国家法律的规定，都可以从事电子商务信用评价业务，通过这样的方式，可以使电子商务信用评价主体趋于多元化，也更加能够保障消费者基于客观的信用评价所提供的信息，真正地享有知情权、选择权。

第七十一条　【国家支持促进跨境电子商务发展】国家促进跨境电子商务发展，建立健全适应跨境电子商务特点的海关、税收、进出境检验检疫、支付结算等管理制度，提高跨境电子商务各环节便利化水平，支持跨境电子商务平台经营者等为跨境电子商务提供仓储物流、报关、报检等服务。

国家支持小型微型企业从事跨境电子商务。

条文注释

本条是关于跨境电子商务的原则性规定，表明了国家支持与促进跨境电子商务发展的政策性主张。本条并未规定具体的法律规范与法律制度，但是指出了关于跨境电子商务发展的方向，包括构建适应跨境电子商务特点、提高贸易便利化水平的管理制度，认可与支持跨境电子商务综合服务，支持小微企业参与跨境电子商务活动。

第七十二条　【单一窗口与电子单证】国家进出口管理部门应当推进跨境电子商务海关申报、纳税、检验检疫等环节的综合服务和监管体系建设，优化监管流程，推动实现信息共享、监管互认、执法互助，提高跨境电子商务服务和监管效率。跨境电子商务经营者可以凭电子单证向国家进出口管理部门办理有关手续。

条文注释

本条使用了“应当”一词，表明国家有关部门有建设跨境电子商务综合服务与监管体系的法律义务。本条的目的是提高跨境电子商务服务和监管效率，具体的举措是建设跨境电子商务海关申报、纳税、检验检疫等环节的综合服务和监管体系，目标是实现有关主管部门信息共享、监管互认、执法互助。因此，本条规定的是海关申报、纳税、检验检疫等环节多个主管部门应当实现的协同管理。如果从跨境电子商务经营者的角度理解本条规定，则意味着电子商务经营者不再为报关、报检、纳税向不同主管部门分别提交数据信息与单证，而是在各主管部门信息共享的综合服务与监管体系中，通过单一入口一次性提交有关的数据信息，就可以满足进出口监管的全部法律要求。如此制度设计与世界贸易组织《贸易便利化协定》议定书中的“单一窗口”制度相一致。

根据联合国贸易便利化与电子业务中心（UN/CEFACT）2005年第33号建议书的定义，单一窗口，是指国际贸易和运输相关各方在单一登记点一次性以电子形式提交满足全部进口、出口和转口相关监管要求的标准资料、单证与数据的措施。上述定义与相关实施框架得到了国际社会的广泛认可。单一窗口机制通过对进出口贸易信息的集约化和自动化处理，实现数据共享，大大提高国际贸易效率和效益，促进贸易商和政府机构之间、政府机构相互之间的国际贸易信息交换，方便许可证和授权证书的颁发与必需的审批手续的完成。单一窗口机制的实施对于促进和保障跨境电子商务的发展尤其重要。

本条规定，跨境电子商务经营者可以凭电子单证向国家进出口管理部门办理有关手续。《海关法》第25条规定：“办理进出口货物的海关申报手续，应当采用纸质报关单和电子数据报关单的形式。”《电子商务法》第72条的规定进一步明确了《海关法》中的电子报关的合法性。

关联法规

《海关法》第25条，《电子签名法》第3条

第七十三条 【国际交流与合作】国家推动建立与不同国家、地区之间跨境电子商务的交流合作，参与电子商务国际规则的制定，促进电子签名、电子身份等国际互认。

国家推动建立与不同国家、地区之间的跨境电子商务争议解决机制。

第六章　法律责任

第七十四条　【电子商务经营者的民事责任】电子商务经营者销售商品或者提供服务，不履行合同义务或者履行合同义务不符合约定，或者造成他人损害的，依法承担民事责任。

条文注释

根据线上线下一致原则，电子商务经营者销售商品或者提供服务，也应当按照约定全面履行自己的义务，遵循诚实信用原则，根据合同的性质、目的和交易习惯履行通知、协助、保密等义务。当事人一方不履行合同义务或者履行合同义务不符合约定的，应当承担继续履行、采取补救措施或者赔偿损失等违约责任。

本条的“依法”之“法”，既包括其他法律，也包括本法。本条是《电子商务法》关于民事责任的规定与其他法律规定的民事责任制度的衔接，应当遵循特别法优于普通法的原则，本法有规定的适用本法，对于本法未作规定的，依照其他有关法律、行政法规的规定承担民事责任。

如果发生违约责任与侵权责任的竞合，因当事人一方的违约行为，损害对方人身权益、财产权益的，受损害方有权选择请求其承担违约责任或者侵权责任。《民法典》第186条明确规定：“因当事人一方的违约行为，损害对方人身权益、财产权益的，受损害方有权选择请求其承担违约责任或者侵权责任。”

本条是关于电子商务经营者承担民事责任的概括性规定，然而，由于电子商务经营者包括电子商务平台经营者、平台内经营者以及通过自建网站、其他网络服务销售商品或者提供服务的电子商务经营者，在承担民事责任的顺序上，尚需要借助其他法律加以准确适用。

关联法规

《产品质量法》第41、42条，《消费者权益保护法》第44、55条，《民法典》第186、1195条

第七十五条 【电子商务经营者违法违规的法律责任衔接】电子商务经营者违反本法第十二条、第十三条规定，未取得相关行政许可从事经营活动，或者销售、提供法律、行政法规禁止交易的商品、服务，或者不履行本法第二十五条规定的信息提供义务，电子商务平台经营者违反本法第四十六条规定，采取集中交易方式进行交易，或者进行标准化合约交易的，依照有关法律、行政法规的规定处罚。

条文注释

本条是对电子商务经营者未获得许可从事电子商务活动，违反法律、行政法规提供禁止交易的商品或者服务，不履行信息提供义务以及采取集中交易方式进行交易，或者进行标准化合约交易的处罚规定。本条是一个指引性条款，未规定具体的处罚内容，本条具体针对的是以下四种情形。

1. 电子商务经营者未取得行政许可从事电子商务活动的处罚

根据《电子商务法》第12条的规定，电子商务经营者从事经营活动，依法需要取得相关行政许可的，应当依法取得行政许可。对于应当取得行政许可而未经许可从事电子商务活动的，可以采取罚款，责令停业整顿、停网整顿，吊销营业执照等方式进行相应处罚。《行政许可法》第81条规定："公民、法人或者其他组织未经行政许可，擅自从事依法应当取得行政许可的活动的，行政机关应当依法采取措施予以制止，并依法给予行政处罚；构成犯罪的，依法追究刑事责任。"

对于违反应当依法取得有关许可的义务的行为的具体法律责任，散见于一些专门领域的法律规定中，如《食品安全法》《药品管理法》《刑法》等。

2. 电子商务经营者违反法律、行政法规提供禁止交易的商品或者服务的处罚

《电子商务法》第13条规定，电子商务经营者销售的商品或者提供的服务应当符合保障人身、财产安全的要求和环境保护要求，不得销售或者提供法律、行政法规禁止交易的商品或者服务。根据《治安管理处罚法》《枪支管理法》《国家安全法》《民用爆炸物品安全管理条例》《危险化学品安全管理条例》《易制毒化学品管理条例》《音像制品管理条例》《出版管理条例》等法律法规的规定，无论线上线下，交易的商品或者服务都应当符合法律、法规的规定，禁止交易毒品、淫秽物品、非法出版物等法律、法规规定禁止交易的物品；禁止交易枪支、弹药、管制刀具、民用爆炸物品、窃听窃照专用器材、剧毒化学品、易制毒化学品等法律、法规规定禁止擅自交易的物品；禁止提供代孕、性交易，禁止进行人体器官买卖。

3. 电子商务经营者违反信息提供的义务的处罚

《电子商务法》第25条规定了电子商务经营者应当向有关主管部门提供有关电子商务数据信息的义务。无论从网络安全维护的角度，还是从对电子商务经营活动负有监管职责的工商、税务、质检等部门工作的角度，电子商务经营者都有向相关主管部门提供有关电子商务数据信息的义务。电子商务经营者利用互联网从事经营活动，主要依托电子商务服务提供商开设的电子商务交易平台、网上商城、网络黄页以及其提供的网站主机托管、虚拟空间租赁、互联网接入等服务。电子商务经营者对维护网上经营秩序、保障网上交易安全、向有关主管部门提供相关数据信息，均负有相应的义务。

4. 电子商务平台经营者采取集中竞价、做市商等集中交易方式进行标准化合约交易的处罚

《电子商务法》第46条规定，电子商务平台经营者为经营者之间的电子商务提供服务，应当遵守法律、行政法规和国家有关规定，不得采取集中竞价、做市商等集中交易方式进行交易，不得进行标准化合约交易。《国务院关于清理整顿各类交易场所切实防范金融风险的决定》(国发〔2011〕38号)中对清理整顿各类交易场所作出

明确部署，“除依法经国务院或国务院期货监管机构批准设立从事期货交易的交易场所外，任何单位一律不得以集中竞价、电子撮合、匿名交易、做市商等集中交易方式进行标准化合约交易”。该决定要求，“对从事违法证券期货交易活动的交易场所，严禁以任何方式扩大业务范围，严禁新增交易品种，严禁新增投资者，并限期取消或结束交易活动；未经批准在交易场所名称中使用‘交易所’字样的交易场所，应限期清理规范。清理整顿期间，不得设立新的开展标准化产品或合约交易的交易场所”。此外，《商品现货市场交易特别规定（试行）》第10条第1款规定：“市场经营者不得开展法律法规以及《国务院关于清理整顿各类交易场所切实防范金融风险的决定》禁止的交易活动，不得以集中交易方式进行标准化合约交易。”对此，《商品现货市场交易特别规定（试行）》第24条规定了责任处理依据：“市场经营者违反第八条、第十条规定和《期货交易管理条例》的，依法予以处理。”而《期货交易管理条例》第77条规定：“任何单位或者个人违反本条例规定，情节严重的，由国务院期货监督管理机构宣布该个人、该单位或者该单位的直接责任人员为期货市场禁止进入者。”

关联法规

《网络交易监督管理办法》，《行政许可法》第81条，《刑法》第225条

第七十六条　【电子商务经营者违反信息披露义务的行政处罚】电子商务经营者违反本法规定，有下列行为之一的，由市场监督管理部门责令限期改正，可以处一万元以下的罚款，对其中的电子商务平台经营者，依照本法第八十一条第一款的规定处罚：

（一）未在首页显著位置公示营业执照信息、行政许可信息、属于不需要办理市场主体登记情形等信息，或者上述信息的链接标识的；

（二）未在首页显著位置持续公示终止电子商务的有关信息的；

（三）未明示用户信息查询、更正、删除以及用户注销的方式、程序，或者对用户信息查询、更正、删除以及用户注销设置不合理条件的。

电子商务平台经营者对违反前款规定的平台内经营者未采取必要措施的，由市场监督管理部门责令限期改正，可以处二万元以上十万元以下的罚款。

条文注释

经营者的信息披露义务也常被称为强制说明义务、告知义务或强制信息披露义务，是指法律规定的经营者应提供给消费者购买、使用商品或接受服务有关的真实、充分、准确、适当的信息，从而确保消费者知情权实现的义务。经营者的信息披露义务与消费者的知情权是相对应而存在的。经营者的信息披露义务具有主动性，这种义务不是在消费者询问之后的回答，而是交易之前的必要告知。经营者的信息披露义务具有强制性，该义务是国家的强制干预，而非经营者的自由选择，这是法律对权利义务的倾斜性配置，目的在于通过国家强制力保护消费者的权益，即法律通过设置强制性义务规范使权利义务趋于公平。

关联法规

《网络交易监督管理办法》第12、23、26、42条

第七十七条　【违法提供搜索结果或者搭售商品、服务的行政处罚】电子商务经营者违反本法第十八条第一款规定提供搜索结果，或者违反本法第十九条规定搭售商品、服务的，由市场监督管理部门责令限期改正，没收违法所得，可以并处五万元以上二十万元以下的罚款；情节严重的，并处二十万元以上五十万元以下的罚款。

关联法规

《电子商务法》第18条，《民法典》第148、157条，《消费者权益保护法》第9、55条，《价格法》第14、40条，《价格违法行为行政处罚规定》第7、22条，《零售商供应商公平交易管理办法》第18条

第七十八条　【违反押金管理规定的行政处罚】电子商务经营者违反本法第二十一条规定，未向消费者明示押金退还的方式、程序，对押金退还设置不合理条件，或者不及时退还押金的，由有关主管部门责令限期改正，可以处五万元以上二十万元以下的罚款；情节严重的，处二十万元以上五十万元以下的罚款。

条文注释

本条涉及押金的退还问题及对违反该规定的电子商务经营者的处罚，主要是回应共享单车、健身房、美容院等行业中的押金退还问题。

押金是金钱质的一种，是质押担保的一种特殊形式，一方当事人将一定费用存放在对方处保证自己的行为不会对对方利益造成损害，如果造成损害，可以以此费用据实支付或另行赔偿。在双方法律关系不存在且无其他纠纷后，则押金应予以退还。无论是共享经济还是其他经济模式，电子商务经营者都应当向消费者明示押金退还的方式、程序，在符合条件时及时退还押金，不得对押金退还设置不合理条件，不得侵害消费者的合法权益。

关于未向消费者明示押金退还的方式、程序，对押金退还设置不合理条件，或者不及时退还押金的罚则，目前主要是《侵害消费者权益行为处罚办法》规定了预付款故意拖延或者无理拒绝的处罚规定。《消费者权益保护法》并未对经营者押金退还的义务作出明文规定。

关联法规

《侵害消费者权益行为处罚办法》第10、14条，《消费者权益保护法》第56条

第七十九条　【违反个人信息保护义务、网络安全保障义务的法律责任衔接规定】电子商务经营者违反法律、行政法规有关个人信息保护的规定，或者不履行本法第三十条和有关法律、行政法规规定的网络安全保障义务的，依照《中华人民共和国网络安全法》等法律、行政法规的规定处罚。

关联法规

《网络安全法》第9、22、41～43、60、64、68条，《全国人民代表大会常务委员会关于加强网络信息保护的决定》第11条，《消费者权益保护法》第56条，《电信和互联网用户个人信息保护规定》第22、23条，《网络交易监督管理办法》第13条，《刑法》第253条之一、第286条之一

第八十条 【违反核验登记、信息报送、违法信息处置、商品和服务信息、交易信息保存义务的行政处罚】电子商务平台经营者有下列行为之一的，由有关主管部门责令限期改正；逾期不改正的，处二万元以上十万元以下的罚款；情节严重的，责令停业整顿，并处十万元以上五十万元以下的罚款：

（一）不履行本法第二十七条规定的核验、登记义务的；

（二）不按照本法第二十八条规定向市场监督管理部门、税务部门报送有关信息的；

（三）不按照本法第二十九条规定对违法情形采取必要的处置措施，或者未向有关主管部门报告的；

（四）不履行本法第三十一条规定的商品和服务信息、交易信息保存义务的。

法律、行政法规对前款规定的违法行为的处罚另有规定的，依照其规定。

条文注释

在日常电子商务活动中，电子商务平台经营者能否依法履行对平台内经营者的身份核验、登记义务，向市场监督管理部门、税务部门提供有关信息，对违法情形采取必要的处置措施或者向有关部门报告，履行商品和服务信息、交易记录信息的保存义务，对商品与服务的质量、平台内经营者的追责、消费者的权益保障、电子商务活动的健康发展都至关重要。当然，对具体义务履行的内容、履行情况的评估标准的设置，要充分考虑电子商务平台经营者的合规成本、实际操作的可能性——“法律不强人所难”。

关联法规

《网络安全法》第61、69条,《食品安全法》第131条,《网络交易监督管理办法》第24、25、31、47条,《电子签名法》第31条

第八十一条　【违反服务协议管理、交易规则管理、自营业务标注、信用评价管理、广告标注义务的行政处罚】电子商务平台经营者违反本法规定,有下列行为之一的,由市场监督管理部门责令限期改正,可以处二万元以上十万元以下的罚款;情节严重的,处十万元以上五十万元以下的罚款:

(一)未在首页显著位置持续公示平台服务协议、交易规则信息或者上述信息的链接标识的;

(二)修改交易规则未在首页显著位置公开征求意见,未按照规定的时间提前公示修改内容,或者阻止平台内经营者退出的;

(三)未以显著方式区分标记自营业务和平台内经营者开展的业务的;

(四)未为消费者提供对平台内销售的商品或者提供的服务进行评价的途径,或者擅自删除消费者的评价的。

电子商务平台经营者违反本法第四十条规定,对竞价排名的商品或者服务未显著标明“广告”的,依照《中华人民共和国广告法》的规定处罚。

条文注释

本条旨在规范电子商务平台经营者的行为,促使其公平、公开透明地进行交易,履行相关重要信息的披露义务,从而有效保护交易的合法、合理、公平,保障消费者的知情权,保护平台内经营者、消费者的合法权益。若电子商务平台经营者能够切实履行上述义务,在发生纠纷、进行纠纷解决时,也有利于保护电子商务平台经营者本身。

关联法规

《网络交易监督管理办法》第12、23、42条,《电子商务法》第40条,《互联网广告管理暂行办法》第7、23条,《广告法》第59条,《反

不正当竞争法》第20条

第八十二条 【对平台内经营者进行不合理限制、附加不合理条件、收取不合理费用的行政处罚】电子商务平台经营者违反本法第三十五条规定，对平台内经营者在平台内的交易、交易价格或者与其他经营者的交易等进行不合理限制或者附加不合理条件，或者向平台内经营者收取不合理费用的，由市场监督管理部门责令限期改正，可以处五万元以上五十万元以下的罚款；情节严重的，处五十万元以上二百万元以下的罚款。

条文注释

经营者与消费者进行商品或服务交易，应当遵循自愿、平等、公平、诚实信用的原则，这也是市场经济法律关系的本质，是经营者从事经营活动的行为准则。随着互联网技术的发展和电子商务的蓬勃发展，这一新型商业模式改变了传统的商业环境，在电子商务经营者所处的电子商务环境之下，催生了各种带有不正当竞争或带有垄断性质的行为，这类行为不仅会侵害其他经营者的利益，也会损害消费者的合法权益，扰乱市场秩序，如电子商务平台经营者要求平台内经营者“二选一”的行为。“二选一”具体是指在电商促销活动中，一些电子商务平台经营者为了保证自身利益的最大化，要求入驻商家只能在一家平台参加促销。

《反垄断法》第6条规定：“具有市场支配地位的经营者，不得滥用市场支配地位，排除、限制竞争。”然而，“二选一”模式是否属于电子商务平台经营者滥用市场支配地位，《反垄断法》第6条的规定过于原则，难以据此认定“二选一”模式是否属于电子商务平台滥用市场支配地位，在理论上对此也存在争议。《电子商务法》第86条明确实施这类行为的法律后果，可以有效地保护其他经营者、消费者的合法权益，维护电子商务的经济秩序，促进公平竞争。

《电子商务法》第35条规定了电子商务平台经营者的义务、第82条规定了电子商务平台经营者的责任，并根据情节轻重分别规定，“由市场监督管理部门责令限期改正，可以处五万元以上五十万元以下的罚款；情节严重的，处五十万元以上二百万元以下的罚款”。

关联法规

《反不正当竞争法》第2条，《反垄断法》第6、47、49条，《网络交易监督管理办法》第32、50条

第八十三条　【电子商务平台经营者未履行审核义务以及未尽到安全保障义务的行政处罚】电子商务平台经营者违反本法第三十八条规定，对平台内经营者侵害消费者合法权益行为未采取必要措施，或者对平台内经营者未尽到资质资格审核义务，或者对消费者未尽到安全保障义务的，由市场监督管理部门责令限期改正，可以处五万元以上五十万元以下的罚款；情节严重的，责令停业整顿，并处五十万元以上二百万元以下的罚款。

条文注释

本条规定行政处罚的责任主体是电子商务平台经营者。本条规定的违法行为是电子商务平台经营者违反《电子商务法》第38条规定，对平台内经营者侵害消费者合法权益行为未采取必要措施，或者对平台内经营者未尽到资质资格审核义务，或者对消费者未尽到安全保障义务。

本条规定的法律责任是责令限期改正、停业整顿和罚款。责令限期改正，是指由市场监督管理部门按照《电子商务法》要求，责令电子商务平台经营者对平台内经营者销售的商品或者提供的服务不符合保障人身、财产安全的要求以及实施的欺诈、违法收集和使用消费者个人信息等侵害消费者权益的行为在规定的期限内采取有效措施制止或者消除上述违法行为，或者责令电子商务平台经营者按照规定审核平台内经营者的资质资格，或者责令电子商务平台经营者依法履行保障消费者人身安全和财产安全的义务。

关联法规

《网络安全法》第24、61条

第八十四条　【平台知识产权侵权的行政处罚】电子商务平台经营者违反本法第四十二条、第四十五条规定，对平台内经营者实施侵犯知识产权行为未依法采取必要措施的，由有关知识产权行政部门责令限期改正；逾期不改正的，处五万元以上五十万元以下的罚款；情节严重的，处五十万元以上二百万元以下的罚款。

条文注释

本条是对电子商务平台经营者违反其对平台内经营者知识产权保护义务的行政处罚的直接规定。本法规定的电子商务平台经营者负有对平台内经营者的身份进行核验、登记，对平台内经营者发布的商品和服务信息建立检查监控制度，在协议中明确双方在平台进入和退出、商品和服务质量安全保障、消费者权益保护等方面的权利、义务和责任，建立平台内交易规则、交易安全保障、消费者权益保护、不良信息处理等管理制度并公示等义务，对电子商务平台经营者违反这些义务进行处罚，实际也发挥着使平台合规、尽职的作用，对电子商务领域的知识产权保护而言，这些处罚规定也能督促电子商务平台经营者履行应有的谨慎、合理的注意义务。

第八十五条　【产品质量、反垄断、反不正当竞争、知识产权保护、消费者权益保护等法律的法律责任的衔接性规定】电子商务经营者违反本法规定，销售的商品或者提供的服务不符合保障人身、财产安全的要求，实施虚假或者引人误解的商业宣传等不正当竞争行为，滥用市场支配地位，或者实施侵犯知识产权、侵害消费者权益等行为的，依照有关法律的规定处罚。

条文注释

关于电子商务经营者违反本法规定，销售的商品或者提供的服务不符合保障人身、财产安全的要求，实施虚假或者引人误解的商业宣传等不正当竞争行为，滥用市场支配地位，或者实施侵犯知识产权、侵害消费者权益等行为的，在《民法典》《广告法》《反不正当竞争法》《反垄断法》《商标法》《著作权法》《专利法》《消费者权益保护法》中皆有相应的处罚规定，故本法只作提示性规定，“依照有关法律的规定处罚”。

1. 电子商务经营者销售的商品或者提供的服务不符合保障人身、财产安全的要求的处罚

电子商务经营者销售的商品或者提供的服务不符合保障人身、财产安全的要求，直接给消费者的人身安全权、财产安全权带来侵害，这里的“侵害”，包括实害与危险。消费者人身财产安全权，是消费者在购买、使用商品和接受服务时，享有人身、财产安全不受损害的权利。消费者人身财产安全权，主要包括生命健康安全权和财产安全权。消费者的生命健康安全权，是消费者的生命健康不受损害的权利，是要求经营者提供的商品和服务符合保障人身、财产安全要求的权利。财产安全权是消费者在购买、使用商品和接受服务时享有财产安全不受损害的权利，是要求经营者提供的商品和服务符合保障财产安全要求的权利。

根据《电子商务法》第38条的规定，电子商务经营者销售的商品或者提供的服务应当符合保障人身、财产安全的要求，这应当属于“底线要求”。

2. 电子商务经营者实施虚假或者引人误解的商业宣传等不正当竞争行为的处罚

实施虚假或者引人误解的商业宣传，既损害消费者的合法权益，也往往构成不正当竞争，侵害其他商品生产经营者或者服务提供者的利益。禁止虚假宣传是各国有关广告管理规定的核心内容。对此违法行为的处罚，《反不正当竞争法》《广告法》《消费者权益保护法》等都有涉及。

3. 电子商务经营者滥用市场支配地位的处罚

《反垄断法》第47条规定：“经营者违反本法规定，滥用市场支配地位的，由反垄断执法机构责令停止违法行为，没收违法所得，并处上一年度销售额百分之一以上百分之十以下的罚款。”

此外，根据《刑法》第226条的规定，以暴力、威胁手段强买强卖商品、强迫他人提供或者接受服务，情节严重的，处3年以下有期徒

刑或拘役，并处或单处罚金；情节特别严重的，处3年以上7年以下有期徒刑，并处罚金。

关联法规

《刑法》第146、150、222、226、231条，《产品质量法》第49条，《广告法》第4、28、55条，《消费者权益保护法》，《反不正当竞争法》第8、20条

第八十六条 【违法行为的信用档案记录与公示】电子商务经营者有本法规定的违法行为的，依照有关法律、行政法规的规定记入信用档案，并予以公示。

条文注释

市场经济是信用经济，而电子商务由于信息网络的虚拟性，更加凸显了信用在电子商务中的重要性。本条规定的处罚的性质属于“信用罚”。“信用罚”由于不仅将违法行为记入信用档案，而且对该违法行为予以公示，其威慑、惩戒作用很大。

电子商务经营者有本法规定的违法行为的，依照有关法律、行政法规的规定记入信用档案，并予以公示，有利于保护消费者和其他社会公众的知情权，强化电子商务经营者的责任意识和自律意识。

我国高度重视信用档案的建设和使用，如《网络安全法》《反不正当竞争法》《商标法》等都规定了相应内容。

关联法规

《网络安全法》第71条，《反不正当竞争法》第26条，《商标法》第68条，《广告法》第66条

第八十七条 【电子商务监管部门工作人员的违法行为的法律责任】依法负有电子商务监督管理职责的部门的工作人员，玩忽职守、滥用职权、徇私舞弊，或者泄露、出售或者非法向他人提供在履行职责中所知悉的个人信息、隐私和商业秘密的，依法追究法律责任。

条文注释

1. 依法负有电子商务监督管理职责的部门的工作人员玩忽职守、滥用职权、徇私舞弊

监督管理人员必须依法行政，秉公执法、忠于职守。“玩忽职守、滥用职权、徇私舞弊”的影响和危害十分严重，对此，必须依法惩处。《电子商务法》是规范法也是促进法，要求电子商务经营者、电子商务平台经营者合规经营的同时，迫切需要对监管部门进行“监管”，明确电子商务监督管理部门及其工作人员的职责，推进电子商务领域的政府监管与社会共治。

政府监督管理部门承担监督管理的政府职能。根据我国《行政处罚法》等相关法律法规，依法负有监督管理职责的部门的工作人员，如果出现玩忽职守、滥用职权、徇私舞弊的行为，应当视情节严重程度承担相应的行政责任，严重时需承担刑事责任。

玩忽职守，是指国家机关工作人员违反工作纪律、规章制度，擅离职守，不尽职责义务或者不认真履行职责义务，致使公共财产、国家和人民利益遭受损失的行为。滥用职权，是指国家机关工作人员在履行职务时违反法律规定或者超越法定权限行使职权。徇私舞弊，是指为了徇私情或者谋私利，故意违反事实和法律，作出枉法处理或枉法决定。

《网络安全法》第 73 条第 2 款规定：“网信部门和有关部门的工作人员玩忽职守、滥用职权、徇私舞弊，尚不构成犯罪的，依法给予处分。”

《刑法》第 397 条第 1 款规定：“国家机关工作人员滥用职权或者玩忽职守，致使公共财产、国家和人民利益遭受重大损失的，处三年以下有期徒刑或者拘役；情节特别严重的，处三年以上七年以下有期徒刑。本法另有规定的，依照规定。”第 414 条规定：“对生产、销售伪劣商品犯罪行为负有追究责任的国家机关工作人员，徇私舞弊，不履行法律规定的追究职责，情节严重的，处五年以下有期徒刑或者拘役。”

2. 依法负有电子商务监督管理职责的部门的工作人员泄露、出售或者非法向他人提供在履行职责中所知悉的个人信息、隐私和商业秘密

《网络安全法》第73条第1款规定："网信部门和有关部门违反本法第三十条规定，将在履行网络安全保护职责中获取的信息用于其他用途的，对直接负责的主管人员和其他直接责任人员依法给予处分。"

《刑法》第253条之一第2款规定："违反国家有关规定，将在履行职责或者提供服务过程中获得的公民个人信息，出售或者提供给他人的，依照前款的规定从重处罚。"

第八十八条　【违法行为的治安管理处罚和刑事责任】违反本法规定，构成违反治安管理行为的，依法给予治安管理处罚；构成犯罪的，依法追究刑事责任。

第七章　附　　则

第八十九条　【施行日期】本法自2019年1月1日起施行。

条文注释

1. 理顺《电子商务法》与相关法律法规的关系

需要理顺《电子商务法》与现行相关法律法规的关系。对于同位阶的法律如《民法典》《电子签名法》《消费者权益保护法》《反不正当竞争法》《食品安全法》等法律，依照新法优于旧法、特别法优于一般法的原则处理；对于《信息网络传播权保护条例》《快递暂行条例》《网络交易监督管理办法》《电子支付指引（第一号）》《非银行支付机构网络支付业务管理办法》等行政法规、部门规章以及地方性法规等，依照上位法优于下位法的原则处理。

2. 相关规定的立、改、废、释

为配合《电子商务法》的实施，针对《电子商务法》中有规定但比较原则的问题，如社交媒体电商的管理、市场主体登记、零星小额交易的认定、数据信息提供和报送等，有关部门应制定具体的实施细则；对于与《电子商务法》相关规定不一致的行政法规、部门规章、地方性法规，后者应及时进行修改；对违背本法的行政法规、部门规章、地方性法规，应尽快废除；对于电子合同的成立、电子支付中的未授权支付和错误支付、商品运输中的风险和责任承担、电子商务平台经营者的知识产权侵权责任、消费者保护等条款，需要制定相应的司法解释。

附录

中华人民共和国网络安全法

（2016 年 11 月 7 日第十二届全国人民代表大会常务委员会第二十四次会议通过　2016 年 11 月 7 日中华人民共和国主席令第 53 号公布　自 2017 年 6 月 1 日起施行）

目　　录

第一章　总　　则
第二章　网络安全支持与促进
第三章　网络运行安全
　第一节　一般规定
　第二节　关键信息基础设施的运行安全
第四章　网络信息安全
第五章　监测预警与应急处置
第六章　法律责任
第七章　附　　则

第一章　总　　则

第一条　为了保障网络安全，维护网络空间主权和国家安全、社会公共利益，保护公民、法人和其他组织的合法权益，促进经济社会信息化健康发展，制定本法。

第二条　在中华人民共和国境内建设、运营、维护和使用网络，以及网络安全的监督管理，适用本法。

第三条　国家坚持网络安全与信息化发展并重，遵循积极利用、科学发展、依法管理、确保安全的方针，推进网络基础设施建设和互联互通，鼓励网络技术创新和应用，支持培养网络安全人才，建立健全网络安全保障体系，提高网络安全保护能力。

第四条　国家制定并不断完善网络安全战略，明确保障网络安全的基本要求和主要目标，提出重点领域的网络安全政策、工作任务和措施。

第五条　国家采取措施，监测、防御、处置来源于中华人民共和国境内外的网络安全风险和威胁，保护关键信息基础设施免受攻击、侵入、干扰和破坏，依法惩治网络违法犯罪活动，维护网络空间安全和秩序。

第六条　国家倡导诚实守信、健康文明的网络行为，推动传播社会主义核心价值观，采取措施提高全社会的网络安全意识和水平，形成全社会共同参与促进网络安全的良好环境。

第七条　国家积极开展网络空间治理、网络技术研发和标准制定、打击网络违法犯罪等方面的国际交流与合作，推动构建和平、安全、开放、合作的网络空间，建立多边、民主、透明的网络治理体系。

第八条　国家网信部门负责统筹协调网络安全工作和相关监督管理工作。国务院电信主管部门、公安部门和其他有关机关依照本法和有关法律、行政法规的规定，在各自职责范围内负责网络安全保护和监督管理工作。

县级以上地方人民政府有关部门的网络安全保护和监督管理职责，按照国家有关规定确定。

第九条　网络运营者开展经营和服务活动，必须遵守法律、行政法规，尊重社会公德，遵守商业道德，诚实信用，履行网络安全保护义务，接受政府和社会的监督，承担社会责任。

第十条　建设、运营网络或者通过网络提供服务，应当依照法律、行政法规的规定和国家标准的强制性要求，采取技术措施和其他必要措施，保障网络安全、稳定运行，有效应对网络安全事件，防范网络违法犯罪活动，维护网络数据的完整性、保密性和可用性。

第十一条　网络相关行业组织按照章程，加强行业自律，制定网络安全行为规范，指导会员加强网络安全保护，提高网络安全保护水平，促进行业健康发展。

第十二条　国家保护公民、法人和其他组织依法使用网络的权利，促进网络接入普及，提升网络服务水平，为社会提供安全、便利的网络服务，保障网络信息依法有序自由流动。

任何个人和组织使用网络应当遵守宪法法律，遵守公共秩序，尊重社会公德，不得危害网络安全，不得利用网络从事危害国家安全、荣誉和利益，煽动颠覆国家政权、推翻社会主义制度，煽动分裂国家、破坏国家统一，宣扬恐怖主义、极端主义，宣扬民族仇恨、民族歧视，传播暴力、淫秽色情信息，编造、传播虚假信息扰乱经济秩序和社会秩序，以及侵害他人名誉、隐私、知识产权和其他合法权益等活动。

第十三条　国家支持研究开发有利于未成年人健康成长的网络产品和服务，依法惩治利用网络从事危害未成年人身心健康的活动，为未成年人提供安全、健康的网络环境。

第十四条　任何个人和组织有权对危害网络安全的行为向网信、电信、公安等部门举报。收到举报的部门应当及时依法作出处理；不属于本部门职责的，应当及时移送有权处理的部门。

有关部门应当对举报人的相关信息予以保密，保护举报人的合法权益。

第二章　网络安全支持与促进

第十五条　国家建立和完善网络安全标准体系。国务院标准化行政主管部门和国务院其他有关部门根据各自的职责，组织制定并适时修订有关网络安全管理以及网络产品、服务和运行安全的国家标准、行业标准。

国家支持企业、研究机构、高等学校、网络相关行业组织参与网络安全国家标准、行业标准的制定。

第十六条　国务院和省、自治区、直辖市人民政府应当统筹规划，加大投入，扶持重点网络安全技术产业和项目，支持网络安全技术的研究开发和应用，推广安全可信的网络产品和服务，保护网络技术知识产权，支持企业、研究机构和高等学校等参与国家网络安全技术创新项目。

第十七条　国家推进网络安全社会化服务体系建设，鼓励有关企业、机构开展网络安全认证、检测和风险评估等安全服务。

第十八条　国家鼓励开发网络数据安全保护和利用技术，促进公共数据资源开放，推动技术创新和经济社会发展。

国家支持创新网络安全管理方式，运用网络新技术，提升网络安全保护水平。

第十九条　各级人民政府及其有关部门应当组织开展经常性的网络安全宣传教育，并指导、督促有关单位做好网络安全宣传教育工作。

大众传播媒介应当有针对性地面向社会进行网络安全宣传教育。

第二十条 国家支持企业和高等学校、职业学校等教育培训机构开展网络安全相关教育与培训，采取多种方式培养网络安全人才，促进网络安全人才交流。

第三章 网络运行安全

第一节 一般规定

第二十一条 国家实行网络安全等级保护制度。网络运营者应当按照网络安全等级保护制度的要求，履行下列安全保护义务，保障网络免受干扰、破坏或者未经授权的访问，防止网络数据泄露或者被窃取、篡改：

（一）制定内部安全管理制度和操作规程，确定网络安全负责人，落实网络安全保护责任；

（二）采取防范计算机病毒和网络攻击、网络侵入等危害网络安全行为的技术措施；

（三）采取监测、记录网络运行状态、网络安全事件的技术措施，并按照规定留存相关的网络日志不少于六个月；

（四）采取数据分类、重要数据备份和加密等措施；

（五）法律、行政法规规定的其他义务。

第二十二条 网络产品、服务应当符合相关国家标准的强制性要求。网络产品、服务的提供者不得设置恶意程序；发现其网络产品、服务存在安全缺陷、漏洞等风险时，应当立即采取补救措施，按照规定及时告知用户并向有关主管部门报告。

网络产品、服务的提供者应当为其产品、服务持续提供安全维护；在规定或者当事人约定的期限内，不得终止提供安全维护。

网络产品、服务具有收集用户信息功能的，其提供者应当向用户明示并取得同意；涉及用户个人信息的，还应当遵守本法和有关法律、行政法规关于个人信息保护的规定。

第二十三条 网络关键设备和网络安全专用产品应当按照相关国家标准的强制性要求，由具备资格的机构安全认证合格或者安全检测符合要求后，方可销售或者提供。国家网信部门会同国务院有关部门制定、公布网络关键设备和网络安全专用产品目录,并推动安全认证和安全检测结果互认,避免重复认证、检测。

第二十四条 网络运营者为用户办理网络接入、域名注册服务,办理固定电话、移动电话等入网手续,或者为用户提供信息发布、即时通讯等服务,在与用户签订协议或者确认提供服务时,应当要求用户提供真实身份信息。用户不提供真实身份信息的,网络运营者不得为其提供相关服务。

国家实施网络可信身份战略,支持研究开发安全、方便的电子身份认证技术,推动不同电子身份认证之间的互认。

第二十五条 网络运营者应当制定网络安全事件应急预案,及时处置系统漏洞、计算机病毒、网络攻击、网络侵入等安全风险;在发生危害网络安全的事件时,立即启动应急预案,采取相应的补救措施,并按照规定向有关主管部门报告。

第二十六条 开展网络安全认证、检测、风险评估等活动,向社会发布系统漏洞、计算机病毒、网络攻击、网络侵入等网络安全信息,应当遵守国家有关规定。

第二十七条 任何个人和组织不得从事非法侵入他人网络、干扰他人网络正常功能、窃取网络数据等危害网络安全的活动;不得提供专门用于从事侵入网络、干扰网络正常功能及防护措施、窃取网络数据等危害网络安全活动的程序、工具;明知他人从事危害网络安全的活动的,不得为其提供技术支持、广告推广、支付结算等帮助。

第二十八条 网络运营者应当为公安机关、国家安全机关依法维护国家安全和侦查犯罪的活动提供技术支持和协助。

第二十九条 国家支持网络运营者之间在网络安全信息收集、分析、通报和应急处置等方面进行合作,提高网络运营者的安全保障能力。

有关行业组织建立健全本行业的网络安全保护规范和协作机制,加强对网络安全风险的分析评估,定期向会员进行风险警示,支持、协助会员应对网络安全风险。

第三十条 网信部门和有关部门在履行网络安全保护职责中获取的信息,只能用于维护网络安全的需要,不得用于其他用途。

第二节 关键信息基础设施的运行安全

第三十一条 国家对公共通信和信息服务、能源、交通、水利、金融、公共服务、电子政务等重要行业和领域，以及其他一旦遭到破坏、丧失功能或者数据泄露，可能严重危害国家安全、国计民生、公共利益的关键信息基础设施，在网络安全等级保护制度的基础上，实行重点保护。关键信息基础设施的具体范围和安全保护办法由国务院制定。

国家鼓励关键信息基础设施以外的网络运营者自愿参与关键信息基础设施保护体系。

第三十二条　按照国务院规定的职责分工，负责关键信息基础设施安全保护工作的部门分别编制并组织实施本行业、本领域的关键信息基础设施安全规划，指导和监督关键信息基础设施运行安全保护工作。

第三十三条　建设关键信息基础设施应当确保其具有支持业务稳定、持续运行的性能，并保证安全技术措施同步规划、同步建设、同步使用。

第三十四条　除本法第二十一条的规定外，关键信息基础设施的运营者还应当履行下列安全保护义务：

（一）设置专门安全管理机构和安全管理负责人，并对该负责人和关键岗位的人员进行安全背景审查；

（二）定期对从业人员进行网络安全教育、技术培训和技能考核；

（三）对重要系统和数据库进行容灾备份；

（四）制定网络安全事件应急预案，并定期进行演练；

（五）法律、行政法规规定的其他义务。

第三十五条　关键信息基础设施的运营者采购网络产品和服务，可能影响国家安全的，应当通过国家网信部门会同国务院有关部门组织的国家安全审查。

第三十六条　关键信息基础设施的运营者采购网络产品和服务，应当按照规定与提供者签订安全保密协议，明确安全和保密义务与责任。

第三十七条　关键信息基础设施的运营者在中华人民共和国境内运营中收集和产生的个人信息和重要数据应当在境内存储。因业务需要，确需向境外提供的，应当按照国家网信部门会同国务院有关部门制定的办法进行安全评估；法律、行政法规另有规定的，依照其规定。

第三十八条　关键信息基础设施的运营者应当自行或者委托网络安全服务机构对其网络的安全性和可能存在的风险每年至少进行一次检测评估，并将检测评估情况和改进措施报送相关负责关键信息基础设施安全保护工作的部门。

第三十九条 国家网信部门应当统筹协调有关部门对关键信息基础设施的安全保护采取下列措施：

（一）对关键信息基础设施的安全风险进行抽查检测，提出改进措施，必要时可以委托网络安全服务机构对网络存在的安全风险进行检测评估；

（二）定期组织关键信息基础设施的运营者进行网络安全应急演练，提高应对网络安全事件的水平和协同配合能力；

（三）促进有关部门、关键信息基础设施的运营者以及有关研究机构、网络安全服务机构等之间的网络安全信息共享；

（四）对网络安全事件的应急处置与网络功能的恢复等，提供技术支持和协助。

第四章 网络信息安全

第四十条 网络运营者应当对其收集的用户信息严格保密，并建立健全用户信息保护制度。

第四十一条 网络运营者收集、使用个人信息，应当遵循合法、正当、必要的原则，公开收集、使用规则，明示收集、使用信息的目的、方式和范围，并经被收集者同意。

网络运营者不得收集与其提供的服务无关的个人信息，不得违反法律、行政法规的规定和双方的约定收集、使用个人信息，并应当依照法律、行政法规的规定和与用户的约定，处理其保存的个人信息。

第四十二条 网络运营者不得泄露、篡改、毁损其收集的个人信息；未经被收集者同意，不得向他人提供个人信息。但是，经过处理无法识别特定个人且不能复原的除外。

网络运营者应当采取技术措施和其他必要措施，确保其收集的个人信息安全，防止信息泄露、毁损、丢失。在发生或者可能发生个人信息泄露、毁损、丢失的情况时，应当立即采取补救措施，按照规定及时告知用户并向有关主管部门报告。

第四十三条 个人发现网络运营者违反法律、行政法规的规定或者双方的约定收集、使用其个人信息的，有权要求网络运营者删除其个人信息；发现网络运营者收集、存储的其个人信息有错误的，有权要求网络运营者予以更正。网络运营者应当采取措施予以删除或者更正。

第四十四条 任何个人和组织不得窃取或者以其他非法方式获取个人信息,不得非法出售或者非法向他人提供个人信息。

第四十五条 依法负有网络安全监督管理职责的部门及其工作人员,必须对在履行职责中知悉的个人信息、隐私和商业秘密严格保密,不得泄露、出售或者非法向他人提供。

第四十六条 任何个人和组织应当对其使用网络的行为负责,不得设立用于实施诈骗,传授犯罪方法,制作或者销售违禁物品、管制物品等违法犯罪活动的网站、通讯群组,不得利用网络发布涉及实施诈骗,制作或者销售违禁物品、管制物品以及其他违法犯罪活动的信息。

第四十七条 网络运营者应当加强对其用户发布的信息的管理,发现法律、行政法规禁止发布或者传输的信息的,应当立即停止传输该信息,采取消除等处置措施,防止信息扩散,保存有关记录,并向有关主管部门报告。

第四十八条 任何个人和组织发送的电子信息、提供的应用软件,不得设置恶意程序,不得含有法律、行政法规禁止发布或者传输的信息。

电子信息发送服务提供者和应用软件下载服务提供者,应当履行安全管理义务,知道其用户有前款规定行为的,应当停止提供服务,采取消除等处置措施,保存有关记录,并向有关主管部门报告。

第四十九条 网络运营者应当建立网络信息安全投诉、举报制度,公布投诉、举报方式等信息,及时受理并处理有关网络信息安全的投诉和举报。

网络运营者对网信部门和有关部门依法实施的监督检查,应当予以配合。

第五十条 国家网信部门和有关部门依法履行网络信息安全监督管理职责,发现法律、行政法规禁止发布或者传输的信息的,应当要求网络运营者停止传输,采取消除等处置措施,保存有关记录;对来源于中华人民共和国境外的上述信息,应当通知有关机构采取技术措施和其他必要措施阻断传播。

第五章 监测预警与应急处置

第五十一条 国家建立网络安全监测预警和信息通报制度。国家网信部门应当统筹协调有关部门加强网络安全信息收集、分析和通报工作,按照规定统一发布网络安全监测预警信息。

第五十二条 负责关键信息基础设施安全保护工作的部门，应当建立健全本行业、本领域的网络安全监测预警和信息通报制度，并按照规定报送网络安全监测预警信息。

第五十三条 国家网信部门协调有关部门建立健全网络安全风险评估和应急工作机制，制定网络安全事件应急预案，并定期组织演练。

负责关键信息基础设施安全保护工作的部门应当制定本行业、本领域的网络安全事件应急预案，并定期组织演练。

网络安全事件应急预案应当按照事件发生后的危害程度、影响范围等因素对网络安全事件进行分级，并规定相应的应急处置措施。

第五十四条 网络安全事件发生的风险增大时，省级以上人民政府有关部门应当按照规定的权限和程序，并根据网络安全风险的特点和可能造成的危害，采取下列措施：

（一）要求有关部门、机构和人员及时收集、报告有关信息，加强对网络安全风险的监测；

（二）组织有关部门、机构和专业人员，对网络安全风险信息进行分析评估，预测事件发生的可能性、影响范围和危害程度；

（三）向社会发布网络安全风险预警，发布避免、减轻危害的措施。

第五十五条 发生网络安全事件，应当立即启动网络安全事件应急预案，对网络安全事件进行调查和评估，要求网络运营者采取技术措施和其他必要措施，消除安全隐患，防止危害扩大，并及时向社会发布与公众有关的警示信息。

第五十六条 省级以上人民政府有关部门在履行网络安全监督管理职责中，发现网络存在较大安全风险或者发生安全事件的，可以按照规定的权限和程序对该网络的运营者的法定代表人或者主要负责人进行约谈。网络运营者应当按照要求采取措施，进行整改，消除隐患。

第五十七条 因网络安全事件，发生突发事件或者生产安全事故的，应当依照《中华人民共和国突发事件应对法》、《中华人民共和国安全生产法》等有关法律、行政法规的规定处置。

第五十八条 因维护国家安全和社会公共秩序，处置重大突发社会安全事件的需要，经国务院决定或者批准，可以在特定区域对网络通信采取限制等临时措施。

第六章 法律责任

第五十九条 网络运营者不履行本法第二十一条、第二十五条规定的网络安全保护义务的，由有关主管部门责令改正，给予警告；拒不改正或者导致危害网络安全等后果的，处一万元以上十万元以下罚款，对直接负责的主管人员处五千元以上五万元以下罚款。

关键信息基础设施的运营者不履行本法第三十三条、第三十四条、第三十六条、第三十八条规定的网络安全保护义务的，由有关主管部门责令改正，给予警告；拒不改正或者导致危害网络安全等后果的，处十万元以上一百万元以下罚款，对直接负责的主管人员处一万元以上十万元以下罚款。

第六十条 违反本法第二十二条第一款、第二款和第四十八条第一款规定，有下列行为之一的，由有关主管部门责令改正，给予警告；拒不改正或者导致危害网络安全等后果的，处五万元以上五十万元以下罚款，对直接负责的主管人员处一万元以上十万元以下罚款：

（一）设置恶意程序的；

（二）对其产品、服务存在的安全缺陷、漏洞等风险未立即采取补救措施，或者未按照规定及时告知用户并向有关主管部门报告的；

（三）擅自终止为其产品、服务提供安全维护的。

第六十一条 网络运营者违反本法第二十四条第一款规定，未要求用户提供真实身份信息，或者对不提供真实身份信息的用户提供相关服务的，由有关主管部门责令改正；拒不改正或者情节严重的，处五万元以上五十万元以下罚款，并可以由有关主管部门责令暂停相关业务、停业整顿、关闭网站、吊销相关业务许可证或者吊销营业执照，对直接负责的主管人员和其他直接责任人员处一万元以上十万元以下罚款。

第六十二条 违反本法第二十六条规定，开展网络安全认证、检测、风险评估等活动，或者向社会发布系统漏洞、计算机病毒、网络攻击、网络侵入等网络安全信息的，由有关主管部门责令改正，给予警告；拒不改正或者情节严重的，处一万元以上十万元以下罚款，并可以由有关主管部门责令暂停相关业务、停业整顿、关闭网站、吊销相关业务许可证或者吊销营业执照，对直接负责的主管人员和其他直接责任人员处五千元以上五万元以下罚款。

第六十三条 违反本法第二十七条规定，从事危害网络安全的活动，或者提供专门用于从事危害网络安全活动的程序、工具，或者为他人从事危害网络安全的活动提供技术支持、广告推广、支付结算等帮助，尚不构成犯罪的，由公安机关没收违法所得，处五日以下拘留，可以并处五万元以上五十万元以下罚款；情节较重的，处五日以上十五日以下拘留，可以并处十万元以上一百万元以下罚款。

单位有前款行为的，由公安机关没收违法所得，处十万元以上一百万元以下罚款，并对直接负责的主管人员和其他直接责任人员依照前款规定处罚。

违反本法第二十七条规定，受到治安管理处罚的人员，五年内不得从事网络安全管理和网络运营关键岗位的工作；受到刑事处罚的人员，终身不得从事网络安全管理和网络运营关键岗位的工作。

第六十四条　网络运营者、网络产品或者服务的提供者违反本法第二十二条第三款、第四十一条至第四十三条规定，侵害个人信息依法得到保护的权利的，由有关主管部门责令改正，可以根据情节单处或者并处警告、没收违法所得、处违法所得一倍以上十倍以下罚款，没有违法所得的，处一百万元以下罚款，对直接负责的主管人员和其他直接责任人员处一万元以上十万元以下罚款；情节严重的，并可以责令暂停相关业务、停业整顿、关闭网站、吊销相关业务许可证或者吊销营业执照。

违反本法第四十四条规定，窃取或者以其他非法方式获取、非法出售或者非法向他人提供个人信息，尚不构成犯罪的，由公安机关没收违法所得，并处违法所得一倍以上十倍以下罚款，没有违法所得的，处一百万元以下罚款。

第六十五条　关键信息基础设施的运营者违反本法第三十五条规定，使用未经安全审查或者安全审查未通过的网络产品或者服务的，由有关主管部门责令停止使用，处采购金额一倍以上十倍以下罚款；对直接负责的主管人员和其他直接责任人员处一万元以上十万元以下罚款。

第六十六条　关键信息基础设施的运营者违反本法第三十七条规定，在境外存储网络数据，或者向境外提供网络数据的，由有关主管部门责令改正，给予警告，没收违法所得，处五万元以上五十万元以下罚款，并可以责令暂停相关业务、停业整顿、关闭网站、吊销相关业务许可证或者吊销营业执照；对直接负责的主管人员和其他直接责任人员处一万元以上十万元以下罚款。

第六十七条　违反本法第四十六条规定，设立用于实施违法犯罪活动的网站、通讯群组，或者利用网络发布涉及实施违法犯罪活动的信息，尚不构成犯罪的，由公安机关处五日以下拘留，可以并处一万元以上十万元以下罚款；情节较重的，处五日以上十五日以下拘留，可以并处五万元以上五十万元以下罚款。关闭用于实施违法犯罪活动的网站、通讯群组。

单位有前款行为的，由公安机关处十万元以上五十万元以下罚款，并对直接负责的主管人员和其他直接责任人员依照前款规定处罚。

第六十八条　网络运营者违反本法第四十七条规定，对法律、行政法规禁止发布或者传输的信息未停止传输、采取消除等处置措施、保存有关记录的，由有关主管部门责令改正，给予警告，没收违法所得；拒不改正或者情节严重的，处十万元以上五十万元以下罚款，并可以责令暂停相关业务、停业整顿、关闭网站、吊销相关业务许可证或者吊销营业执照，对直接负责的主管人员和其他直接责任人员处一万元以上十万元以下罚款。

电子信息发送服务提供者、应用软件下载服务提供者，不履行本法第四十八条第二款规定的安全管理义务的，依照前款规定处罚。

第六十九条　网络运营者违反本法规定，有下列行为之一的，由有关主管部门责令改正；拒不改正或者情节严重的，处五万元以上五十万元以下罚款，对直接负责的主管人员和其他直接责任人员，处一万元以上十万元以下罚款：

（一）不按照有关部门的要求对法律、行政法规禁止发布或者传输的信息，采取停止传输、消除等处置措施的；

（二）拒绝、阻碍有关部门依法实施的监督检查的；

（三）拒不向公安机关、国家安全机关提供技术支持和协助的。

第七十条　发布或者传输本法第十二条第二款和其他法律、行政法规禁止发布或者传输的信息的，依照有关法律、行政法规的规定处罚。

第七十一条　有本法规定的违法行为的，依照有关法律、行政法规的规定记入信用档案，并予以公示。

第七十二条　国家机关政务网络的运营者不履行本法规定的网络安全保护义务的，由其上级机关或者有关机关责令改正；对直接负责的主管人员和其他直接责任人员依法给予处分。

第七十三条　网信部门和有关部门违反本法第三十条规定，将在履行网络安全保护职责中获取的信息用于其他用途的，对直接负责的主管人员和其他直接责任人员依法给予处分。

网信部门和有关部门的工作人员玩忽职守、滥用职权、徇私舞弊，尚不构成犯罪的，依法给予处分。

第七十四条 违反本法规定，给他人造成损害的，依法承担民事责任。

违反本法规定，构成违反治安管理行为的，依法给予治安管理处罚；构成犯罪的，依法追究刑事责任。

第七十五条 境外的机构、组织、个人从事攻击、侵入、干扰、破坏等危害中华人民共和国的关键信息基础设施的活动，造成严重后果的，依法追究法律责任；国务院公安部门和有关部门并可以决定对该机构、组织、个人采取冻结财产或者其他必要的制裁措施。

第七章 附 则

第七十六条 本法下列用语的含义：

（一）网络，是指由计算机或者其他信息终端及相关设备组成的按照一定的规则和程序对信息进行收集、存储、传输、交换、处理的系统。

（二）网络安全，是指通过采取必要措施，防范对网络的攻击、侵入、干扰、破坏和非法使用以及意外事故，使网络处于稳定可靠运行的状态，以及保障网络数据的完整性、保密性、可用性的能力。

（三）网络运营者，是指网络的所有者、管理者和网络服务提供者。

（四）网络数据，是指通过网络收集、存储、传输、处理和产生的各种电子数据。

（五）个人信息，是指以电子或者其他方式记录的能够单独或者与其他信息结合识别自然人个人身份的各种信息，包括但不限于自然人的姓名、出生日期、身份证件号码、个人生物识别信息、住址、电话号码等。

第七十七条 存储、处理涉及国家秘密信息的网络的运行安全保护，除应当遵守本法外，还应当遵守保密法律、行政法规的规定。

第七十八条 军事网络的安全保护，由中央军事委员会另行规定。

第七十九条 本法自2017年6月1日起施行。

中华人民共和国数据安全法

（2021年6月10日第十三届全国人民代表大会常务委员会第二十九次会议通过　2021年6月10日中华人民共和国主席令第84号公布　自2021年9月1日起施行）

目　录

第一章　总　　则
第二章　数据安全与发展
第三章　数据安全制度
第四章　数据安全保护义务
第五章　政务数据安全与开放
第六章　法律责任
第七章　附　　则

第一章　总　　则

第一条　为了规范数据处理活动，保障数据安全，促进数据开发利用，保护个人、组织的合法权益，维护国家主权、安全和发展利益，制定本法。

第二条　在中华人民共和国境内开展数据处理活动及其安全监管，适用本法。

在中华人民共和国境外开展数据处理活动，损害中华人民共和国国家安全、公共利益或者公民、组织合法权益的，依法追究法律责任。

第三条　本法所称数据，是指任何以电子或者其他方式对信息的记录。

数据处理，包括数据的收集、存储、使用、加工、传输、提供、公开等。

数据安全，是指通过采取必要措施，确保数据处于有效保护和合法利用的状态，以及具备保障持续安全状态的能力。

第四条　维护数据安全，应当坚持总体国家安全观，建立健全数据安全治理体系，提高数据安全保障能力。

第五条 中央国家安全领导机构负责国家数据安全工作的决策和议事协调，研究制定、指导实施国家数据安全战略和有关重大方针政策，统筹协调国家数据安全的重大事项和重要工作，建立国家数据安全工作协调机制。

第六条 各地区、各部门对本地区、本部门工作中收集和产生的数据及数据安全负责。

工业、电信、交通、金融、自然资源、卫生健康、教育、科技等主管部门承担本行业、本领域数据安全监管职责。

公安机关、国家安全机关等依照本法和有关法律、行政法规的规定，在各自职责范围内承担数据安全监管职责。

国家网信部门依照本法和有关法律、行政法规的规定，负责统筹协调网络数据安全和相关监管工作。

第七条 国家保护个人、组织与数据有关的权益，鼓励数据依法合理有效利用，保障数据依法有序自由流动，促进以数据为关键要素的数字经济发展。

第八条 开展数据处理活动，应当遵守法律、法规，尊重社会公德和伦理，遵守商业道德和职业道德，诚实守信，履行数据安全保护义务，承担社会责任，不得危害国家安全、公共利益，不得损害个人、组织的合法权益。

第九条 国家支持开展数据安全知识宣传普及，提高全社会的数据安全保护意识和水平，推动有关部门、行业组织、科研机构、企业、个人等共同参与数据安全保护工作，形成全社会共同维护数据安全和促进发展的良好环境。

第十条 相关行业组织按照章程，依法制定数据安全行为规范和团体标准，加强行业自律，指导会员加强数据安全保护，提高数据安全保护水平，促进行业健康发展。

第十一条 国家积极开展数据安全治理、数据开发利用等领域的国际交流与合作，参与数据安全相关国际规则和标准的制定，促进数据跨境安全、自由流动。

第十二条 任何个人、组织都有权对违反本法规定的行为向有关主管部门投诉、举报。收到投诉、举报的部门应当及时依法处理。

有关主管部门应当对投诉、举报人的相关信息予以保密，保护投诉、举报人的合法权益。

第二章 数据安全与发展

第十三条 国家统筹发展和安全,坚持以数据开发利用和产业发展促进数据安全,以数据安全保障数据开发利用和产业发展。

第十四条 国家实施大数据战略,推进数据基础设施建设,鼓励和支持数据在各行业、各领域的创新应用。

省级以上人民政府应当将数字经济发展纳入本级国民经济和社会发展规划,并根据需要制定数字经济发展规划。

第十五条 国家支持开发利用数据提升公共服务的智能化水平。提供智能化公共服务,应当充分考虑老年人、残疾人的需求,避免对老年人、残疾人的日常生活造成障碍。

第十六条 国家支持数据开发利用和数据安全技术研究,鼓励数据开发利用和数据安全等领域的技术推广和商业创新,培育、发展数据开发利用和数据安全产品、产业体系。

第十七条 国家推进数据开发利用技术和数据安全标准体系建设。国务院标准化行政主管部门和国务院有关部门根据各自的职责,组织制定并适时修订有关数据开发利用技术、产品和数据安全相关标准。国家支持企业、社会团体和教育、科研机构等参与标准制定。

第十八条 国家促进数据安全检测评估、认证等服务的发展,支持数据安全检测评估、认证等专业机构依法开展服务活动。

国家支持有关部门、行业组织、企业、教育和科研机构、有关专业机构等在数据安全风险评估、防范、处置等方面开展协作。

第十九条 国家建立健全数据交易管理制度,规范数据交易行为,培育数据交易市场。

第二十条 国家支持教育、科研机构和企业等开展数据开发利用技术和数据安全相关教育和培训,采取多种方式培养数据开发利用技术和数据安全专业人才,促进人才交流。

第三章 数据安全制度

第二十一条 国家建立数据分类分级保护制度,根据数据在经济社会发展中的重要程度,以及一旦遭到篡改、破坏、泄露或者非法获取、非法利用,对国家安全、公共利益或者个人、组织合法权益造成的危害程度，对数据实行分类分级保护。国家数据安全工作协调机制统筹协调有关部门制定重要数据目录，加强对重要数据的保护。

关系国家安全、国民经济命脉、重要民生、重大公共利益等数据属于国家核心数据，实行更加严格的管理制度。

各地区、各部门应当按照数据分类分级保护制度，确定本地区、本部门以及相关行业、领域的重要数据具体目录，对列入目录的数据进行重点保护。

第二十二条 国家建立集中统一、高效权威的数据安全风险评估、报告、信息共享、监测预警机制。国家数据安全工作协调机制统筹协调有关部门加强数据安全风险信息的获取、分析、研判、预警工作。

第二十三条 国家建立数据安全应急处置机制。发生数据安全事件，有关主管部门应当依法启动应急预案，采取相应的应急处置措施，防止危害扩大，消除安全隐患，并及时向社会发布与公众有关的警示信息。

第二十四条 国家建立数据安全审查制度，对影响或者可能影响国家安全的数据处理活动进行国家安全审查。

依法作出的安全审查决定为最终决定。

第二十五条 国家对与维护国家安全和利益、履行国际义务相关的属于管制物项的数据依法实施出口管制。

第二十六条 任何国家或者地区在与数据和数据开发利用技术等有关的投资、贸易等方面对中华人民共和国采取歧视性的禁止、限制或者其他类似措施的，中华人民共和国可以根据实际情况对该国家或者地区对等采取措施。

第四章 数据安全保护义务

第二十七条 开展数据处理活动应当依照法律、法规的规定，建立健全全流程数据安全管理制度，组织开展数据安全教育培训，采取相应的技术措施和其他必要措施，保障数据安全。利用互联网等信息网络开展数据处理活动，应当在网络安全等级保护制度的基础上，履行上述数据安全保护义务。

重要数据的处理者应当明确数据安全负责人和管理机构，落实数据安全保护责任。

第二十八条 开展数据处理活动以及研究开发数据新技术，应当有利于促进经济社会发展，增进人民福祉，符合社会公德和伦理。

第二十九条 开展数据处理活动应当加强风险监测，发现数据安全缺陷、漏洞等风险时，应当立即采取补救措施；发生数据安全事件时，应当立即采取处置措施，按照规定及时告知用户并向有关主管部门报告。

第三十条 重要数据的处理者应当按照规定对其数据处理活动定期开展风险评估，并向有关主管部门报送风险评估报告。

风险评估报告应当包括处理的重要数据的种类、数量，开展数据处理活动的情况，面临的数据安全风险及其应对措施等。

第三十一条 关键信息基础设施的运营者在中华人民共和国境内运营中收集和产生的重要数据的出境安全管理，适用《中华人民共和国网络安全法》的规定；其他数据处理者在中华人民共和国境内运营中收集和产生的重要数据的出境安全管理办法，由国家网信部门会同国务院有关部门制定。

第三十二条 任何组织、个人收集数据，应当采取合法、正当的方式，不得窃取或者以其他非法方式获取数据。

法律、行政法规对收集、使用数据的目的、范围有规定的，应当在法律、行政法规规定的目的和范围内收集、使用数据。

第三十三条 从事数据交易中介服务的机构提供服务，应当要求数据提供方说明数据来源，审核交易双方的身份，并留存审核、交易记录。

第三十四条 法律、行政法规规定提供数据处理相关服务应当取得行政许可的，服务提供者应当依法取得许可。

第三十五条 公安机关、国家安全机关因依法维护国家安全或者侦查犯罪的需要调取数据，应当按照国家有关规定，经过严格的批准手续，依法进行，有关组织、个人应当予以配合。

第三十六条 中华人民共和国主管机关根据有关法律和中华人民共和国缔结或者参加的国际条约、协定，或者按照平等互惠原则，处理外国司法或者执法机构关于提供数据的请求。非经中华人民共和国主管机关批准，境内的组织、个人不得向外国司法或者执法机构提供存储于中华人民共和国境内的数据。

第五章 政务数据安全与开放

第三十七条 国家大力推进电子政务建设，提高政务数据的科学性、准确性、时效性，提升运用数据服务经济社会发展的能力。

第三十八条 国家机关为履行法定职责的需要收集、使用数据，应当在其履行法定职责的范围内依照法律、行政法规规定的条件和程序进行；对在履行职责中知悉的个人隐私、个人信息、商业秘密、保密商务信息等数据应当依法予以保密，不得泄露或者非法向他人提供。

第三十九条 国家机关应当依照法律、行政法规的规定，建立健全数据安全管理制度，落实数据安全保护责任，保障政务数据安全。

第四十条 国家机关委托他人建设、维护电子政务系统，存储、加工政务数据，应当经过严格的批准程序，并应当监督受托方履行相应的数据安全保护义务。受托方应当依照法律、法规的规定和合同约定履行数据安全保护义务，不得擅自留存、使用、泄露或者向他人提供政务数据。

第四十一条 国家机关应当遵循公正、公平、便民的原则，按照规定及时、准确地公开政务数据。依法不予公开的除外。

第四十二条 国家制定政务数据开放目录，构建统一规范、互联互通、安全可控的政务数据开放平台，推动政务数据开放利用。

第四十三条 法律、法规授权的具有管理公共事务职能的组织为履行法定职责开展数据处理活动，适用本章规定。

第六章　法 律 责 任

第四十四条 有关主管部门在履行数据安全监管职责中，发现数据处理活动存在较大安全风险的，可以按照规定的权限和程序对有关组织、个人进行约谈，并要求有关组织、个人采取措施进行整改，消除隐患。

第四十五条 开展数据处理活动的组织、个人不履行本法第二十七条、第二十九条、第三十条规定的数据安全保护义务的，由有关主管部门责令改正，给予警告，可以并处五万元以上五十万元以下罚款，对直接负责的主管人员和其他直接责任人员可以处一万元以上十万元以下罚款；拒不改正或者造成大量数据泄露等严重后果的，处五十万元以上二百万元以下罚款，并可以责令暂停相关业务、停业整顿、吊销相关业务许可证或者吊销营业执照，对直接负责的主管人员和其他直接责任人员处五万元以上二十万元以下罚款。

违反国家核心数据管理制度，危害国家主权、安全和发展利益的，由有关主管部门处二百万元以上一千万元以下罚款，并根据情况责令暂停相关业务、停业整顿、吊销相关业务许可证或者吊销营业执照;构成犯罪的,依法追究刑事责任。

第四十六条 违反本法第三十一条规定,向境外提供重要数据的,由有关主管部门责令改正,给予警告,可以并处十万元以上一百万元以下罚款,对直接负责的主管人员和其他直接责任人员可以处一万元以上十万元以下罚款;情节严重的,处一百万元以上一千万元以下罚款,并可以责令暂停相关业务、停业整顿、吊销相关业务许可证或者吊销营业执照,对直接负责的主管人员和其他直接责任人员处十万元以上一百万元以下罚款。

第四十七条 从事数据交易中介服务的机构未履行本法第三十三条规定的义务的,由有关主管部门责令改正,没收违法所得,处违法所得一倍以上十倍以下罚款,没有违法所得或者违法所得不足十万元的,处十万元以上一百万元以下罚款,并可以责令暂停相关业务、停业整顿、吊销相关业务许可证或者吊销营业执照;对直接负责的主管人员和其他直接责任人员处一万元以上十万元以下罚款。

第四十八条 违反本法第三十五条规定,拒不配合数据调取的,由有关主管部门责令改正,给予警告,并处五万元以上五十万元以下罚款,对直接负责的主管人员和其他直接责任人员处一万元以上十万元以下罚款。

违反本法第三十六条规定,未经主管机关批准向外国司法或者执法机构提供数据的,由有关主管部门给予警告,可以并处十万元以上一百万元以下罚款,对直接负责的主管人员和其他直接责任人员可以处一万元以上十万元以下罚款;造成严重后果的,处一百万元以上五百万元以下罚款,并可以责令暂停相关业务、停业整顿、吊销相关业务许可证或者吊销营业执照,对直接负责的主管人员和其他直接责任人员处五万元以上五十万元以下罚款。

第四十九条 国家机关不履行本法规定的数据安全保护义务的,对直接负责的主管人员和其他直接责任人员依法给予处分。

第五十条 履行数据安全监管职责的国家工作人员玩忽职守、滥用职权、徇私舞弊的,依法给予处分。

第五十一条 窃取或者以其他非法方式获取数据,开展数据处理活动排除、限制竞争,或者损害个人、组织合法权益的,依照有关法律、行政法规的规定处罚。

第五十二条 违反本法规定,给他人造成损害的,依法承担民事责任。

违反本法规定，构成违反治安管理行为的，依法给予治安管理处罚；构成犯罪的，依法追究刑事责任。

第七章　附　　则

第五十三条　开展涉及国家秘密的数据处理活动，适用《中华人民共和国保守国家秘密法》等法律、行政法规的规定。

在统计、档案工作中开展数据处理活动，开展涉及个人信息的数据处理活动，还应当遵守有关法律、行政法规的规定。

第五十四条　军事数据安全保护的办法，由中央军事委员会依据本法另行制定。

第五十五条　本法自2021年9月1日起施行。

中华人民共和国个人信息保护法

（2021年8月20日第十三届全国人民代表大会常务委员会第三十次会议通过　2021年8月20日中华人民共和国主席令第91号公布　自2021年11月1日起施行）

目　　录

第一章　总　　则
第二章　个人信息处理规则
　第一节　一般规定
　第二节　敏感个人信息的处理规则
　第三节　国家机关处理个人信息的特别规定
第三章　个人信息跨境提供的规则
第四章　个人在个人信息处理活动中的权利
第五章　个人信息处理者的义务
第六章　履行个人信息保护职责的部门

第七章　法律责任
第八章　附　　则

第一章　总　　则

第一条　为了保护个人信息权益，规范个人信息处理活动，促进个人信息合理利用，根据宪法，制定本法。

第二条　自然人的个人信息受法律保护，任何组织、个人不得侵害自然人的个人信息权益。

第三条　在中华人民共和国境内处理自然人个人信息的活动，适用本法。

在中华人民共和国境外处理中华人民共和国境内自然人个人信息的活动，有下列情形之一的，也适用本法：

（一）以向境内自然人提供产品或者服务为目的；

（二）分析、评估境内自然人的行为；

（三）法律、行政法规规定的其他情形。

第四条　个人信息是以电子或者其他方式记录的与已识别或者可识别的自然人有关的各种信息，不包括匿名化处理后的信息。

个人信息的处理包括个人信息的收集、存储、使用、加工、传输、提供、公开、删除等。

第五条　处理个人信息应当遵循合法、正当、必要和诚信原则，不得通过误导、欺诈、胁迫等方式处理个人信息。

第六条　处理个人信息应当具有明确、合理的目的，并应当与处理目的直接相关，采取对个人权益影响最小的方式。

收集个人信息，应当限于实现处理目的的最小范围，不得过度收集个人信息。

第七条　处理个人信息应当遵循公开、透明原则，公开个人信息处理规则，明示处理的目的、方式和范围。

第八条　处理个人信息应当保证个人信息的质量，避免因个人信息不准确、不完整对个人权益造成不利影响。

第九条　个人信息处理者应当对其个人信息处理活动负责，并采取必要措施保障所处理的个人信息的安全。

第十条 任何组织、个人不得非法收集、使用、加工、传输他人个人信息，不得非法买卖、提供或者公开他人个人信息；不得从事危害国家安全、公共利益的个人信息处理活动。

第十一条 国家建立健全个人信息保护制度，预防和惩治侵害个人信息权益的行为，加强个人信息保护宣传教育，推动形成政府、企业、相关社会组织、公众共同参与个人信息保护的良好环境。

第十二条 国家积极参与个人信息保护国际规则的制定，促进个人信息保护方面的国际交流与合作，推动与其他国家、地区、国际组织之间的个人信息保护规则、标准等互认。

第二章 个人信息处理规则

第一节 一般规定

第十三条 符合下列情形之一的，个人信息处理者方可处理个人信息：

（一）取得个人的同意；

（二）为订立、履行个人作为一方当事人的合同所必需，或者按照依法制定的劳动规章制度和依法签订的集体合同实施人力资源管理所必需；

（三）为履行法定职责或者法定义务所必需；

（四）为应对突发公共卫生事件，或者紧急情况下为保护自然人的生命健康和财产安全所必需；

（五）为公共利益实施新闻报道、舆论监督等行为，在合理的范围内处理个人信息；

（六）依照本法规定在合理的范围内处理个人自行公开或者其他已经合法公开的个人信息；

（七）法律、行政法规规定的其他情形。

依照本法其他有关规定，处理个人信息应当取得个人同意，但是有前款第二项至第七项规定情形的，不需取得个人同意。

第十四条 基于个人同意处理个人信息的，该同意应当由个人在充分知情的前提下自愿、明确作出。法律、行政法规规定处理个人信息应当取得个人单独同意或者书面同意的，从其规定。

个人信息的处理目的、处理方式和处理的个人信息种类发生变更的，应当重新取得个人同意。

第十五条　基于个人同意处理个人信息的，个人有权撤回其同意。个人信息处理者应当提供便捷的撤回同意的方式。

个人撤回同意，不影响撤回前基于个人同意已进行的个人信息处理活动的效力。

第十六条　个人信息处理者不得以个人不同意处理其个人信息或者撤回同意为由，拒绝提供产品或者服务；处理个人信息属于提供产品或者服务所必需的除外。

第十七条　个人信息处理者在处理个人信息前，应当以显著方式、清晰易懂的语言真实、准确、完整地向个人告知下列事项：

（一）个人信息处理者的名称或者姓名和联系方式；

（二）个人信息的处理目的、处理方式，处理的个人信息种类、保存期限；

（三）个人行使本法规定权利的方式和程序；

（四）法律、行政法规规定应当告知的其他事项。

前款规定事项发生变更的，应当将变更部分告知个人。

个人信息处理者通过制定个人信息处理规则的方式告知第一款规定事项的，处理规则应当公开，并且便于查阅和保存。

第十八条　个人信息处理者处理个人信息，有法律、行政法规规定应当保密或者不需要告知的情形的，可以不向个人告知前条第一款规定的事项。

紧急情况下为保护自然人的生命健康和财产安全无法及时向个人告知的，个人信息处理者应当在紧急情况消除后及时告知。

第十九条　除法律、行政法规另有规定外，个人信息的保存期限应当为实现处理目的所必要的最短时间。

第二十条　两个以上的个人信息处理者共同决定个人信息的处理目的和处理方式的，应当约定各自的权利和义务。但是，该约定不影响个人向其中任何一个个人信息处理者要求行使本法规定的权利。

个人信息处理者共同处理个人信息，侵害个人信息权益造成损害的，应当依法承担连带责任。

第二十一条　个人信息处理者委托处理个人信息的，应当与受托人约定委托处理的目的、期限、处理方式、个人信息的种类、保护措施以及双方的权利和义务等,并对受托人的个人信息处理活动进行监督。

受托人应当按照约定处理个人信息,不得超出约定的处理目的、处理方式等处理个人信息;委托合同不生效、无效、被撤销或者终止的,受托人应当将个人信息返还个人信息处理者或者予以删除,不得保留。

未经个人信息处理者同意,受托人不得转委托他人处理个人信息。

第二十二条 个人信息处理者因合并、分立、解散、被宣告破产等原因需要转移个人信息的,应当向个人告知接收方的名称或者姓名和联系方式。接收方应当继续履行个人信息处理者的义务。接收方变更原先的处理目的、处理方式的,应当依照本法规定重新取得个人同意。

第二十三条 个人信息处理者向其他个人信息处理者提供其处理的个人信息的,应当向个人告知接收方的名称或者姓名、联系方式、处理目的、处理方式和个人信息的种类,并取得个人的单独同意。接收方应当在上述处理目的、处理方式和个人信息的种类等范围内处理个人信息。接收方变更原先的处理目的、处理方式的,应当依照本法规定重新取得个人同意。

第二十四条 个人信息处理者利用个人信息进行自动化决策,应当保证决策的透明度和结果公平、公正,不得对个人在交易价格等交易条件上实行不合理的差别待遇。

通过自动化决策方式向个人进行信息推送、商业营销,应当同时提供不针对其个人特征的选项,或者向个人提供便捷的拒绝方式。

通过自动化决策方式作出对个人权益有重大影响的决定,个人有权要求个人信息处理者予以说明,并有权拒绝个人信息处理者仅通过自动化决策的方式作出决定。

第二十五条 个人信息处理者不得公开其处理的个人信息,取得个人单独同意的除外。

第二十六条 在公共场所安装图像采集、个人身份识别设备,应当为维护公共安全所必需,遵守国家有关规定,并设置显著的提示标识。所收集的个人图像、身份识别信息只能用于维护公共安全的目的,不得用于其他目的;取得个人单独同意的除外。

第二十七条 个人信息处理者可以在合理的范围内处理个人自行公开或者其他已经合法公开的个人信息;个人明确拒绝的除外。个人信息处理者处理已公开的个人信息,对个人权益有重大影响的,应当依照本法规定取得个人同意。

第二节 敏感个人信息的处理规则

第二十八条 敏感个人信息是一旦泄露或者非法使用，容易导致自然人的人格尊严受到侵害或者人身、财产安全受到危害的个人信息，包括生物识别、宗教信仰、特定身份、医疗健康、金融账户、行踪轨迹等信息，以及不满十四周岁未成年人的个人信息。

只有在具有特定的目的和充分的必要性，并采取严格保护措施的情形下，个人信息处理者方可处理敏感个人信息。

第二十九条 处理敏感个人信息应当取得个人的单独同意；法律、行政法规规定处理敏感个人信息应当取得书面同意的，从其规定。

第三十条 个人信息处理者处理敏感个人信息的，除本法第十七条第一款规定的事项外，还应当向个人告知处理敏感个人信息的必要性以及对个人权益的影响；依照本法规定可以不向个人告知的除外。

第三十一条 个人信息处理者处理不满十四周岁未成年人个人信息的，应当取得未成年人的父母或者其他监护人的同意。

个人信息处理者处理不满十四周岁未成年人个人信息的，应当制定专门的个人信息处理规则。

第三十二条 法律、行政法规对处理敏感个人信息规定应当取得相关行政许可或者作出其他限制的，从其规定。

第三节 国家机关处理个人信息的特别规定

第三十三条 国家机关处理个人信息的活动，适用本法；本节有特别规定的，适用本节规定。

第三十四条 国家机关为履行法定职责处理个人信息，应当依照法律、行政法规规定的权限、程序进行，不得超出履行法定职责所必需的范围和限度。

第三十五条 国家机关为履行法定职责处理个人信息，应当依照本法规定履行告知义务；有本法第十八条第一款规定的情形，或者告知将妨碍国家机关履行法定职责的除外。

第三十六条 国家机关处理的个人信息应当在中华人民共和国境内存

储；确需向境外提供的，应当进行安全评估。安全评估可以要求有关部门提供支持与协助。

第三十七条　法律、法规授权的具有管理公共事务职能的组织为履行法定职责处理个人信息，适用本法关于国家机关处理个人信息的规定。

第三章　个人信息跨境提供的规则

第三十八条　个人信息处理者因业务等需要，确需向中华人民共和国境外提供个人信息的，应当具备下列条件之一：

（一）依照本法第四十条的规定通过国家网信部门组织的安全评估；

（二）按照国家网信部门的规定经专业机构进行个人信息保护认证；

（三）按照国家网信部门制定的标准合同与境外接收方订立合同，约定双方的权利和义务；

（四）法律、行政法规或者国家网信部门规定的其他条件。

中华人民共和国缔结或者参加的国际条约、协定对向中华人民共和国境外提供个人信息的条件等有规定的，可以按照其规定执行。

个人信息处理者应当采取必要措施，保障境外接收方处理个人信息的活动达到本法规定的个人信息保护标准。

第三十九条　个人信息处理者向中华人民共和国境外提供个人信息的，应当向个人告知境外接收方的名称或者姓名、联系方式、处理目的、处理方式、个人信息的种类以及个人向境外接收方行使本法规定权利的方式和程序等事项，并取得个人的单独同意。

第四十条　关键信息基础设施运营者和处理个人信息达到国家网信部门规定数量的个人信息处理者，应当将在中华人民共和国境内收集和产生的个人信息存储在境内。确需向境外提供的，应当通过国家网信部门组织的安全评估；法律、行政法规和国家网信部门规定可以不进行安全评估的，从其规定。

第四十一条　中华人民共和国主管机关根据有关法律和中华人民共和国缔结或者参加的国际条约、协定，或者按照平等互惠原则，处理外国司法或者执法机构关于提供存储于境内个人信息的请求。非经中华人民共和国主管机关批准，个人信息处理者不得向外国司法或者执法机构提供存储于中华人民共和国境内的个人信息。

第四十二条 境外的组织、个人从事侵害中华人民共和国公民的个人信息权益,或者危害中华人民共和国国家安全、公共利益的个人信息处理活动的,国家网信部门可以将其列入限制或者禁止个人信息提供清单,予以公告,并采取限制或者禁止向其提供个人信息等措施。

第四十三条 任何国家或者地区在个人信息保护方面对中华人民共和国采取歧视性的禁止、限制或者其他类似措施的,中华人民共和国可以根据实际情况对该国家或者地区对等采取措施。

第四章 个人在个人信息处理活动中的权利

第四十四条 个人对其个人信息的处理享有知情权、决定权,有权限制或者拒绝他人对其个人信息进行处理;法律、行政法规另有规定的除外。

第四十五条 个人有权向个人信息处理者查阅、复制其个人信息;有本法第十八条第一款、第三十五条规定情形的除外。

个人请求查阅、复制其个人信息的,个人信息处理者应当及时提供。

个人请求将个人信息转移至其指定的个人信息处理者,符合国家网信部门规定条件的,个人信息处理者应当提供转移的途径。

第四十六条 个人发现其个人信息不准确或者不完整的,有权请求个人信息处理者更正、补充。

个人请求更正、补充其个人信息的,个人信息处理者应当对其个人信息予以核实,并及时更正、补充。

第四十七条 有下列情形之一的,个人信息处理者应当主动删除个人信息;个人信息处理者未删除的,个人有权请求删除:

(一)处理目的已实现、无法实现或者为实现处理目的不再必要;

(二)个人信息处理者停止提供产品或者服务,或者保存期限已届满;

(三)个人撤回同意;

(四)个人信息处理者违反法律、行政法规或者违反约定处理个人信息;

(五)法律、行政法规规定的其他情形。

法律、行政法规规定的保存期限未届满,或者删除个人信息从技术上难以实现的,个人信息处理者应当停止除存储和采取必要的安全保护措施之外的处理。

第四十八条 个人有权要求个人信息处理者对其个人信息处理规则进

行解释说明。

第四十九条 自然人死亡的,其近亲属为了自身的合法、正当利益,可以对死者的相关个人信息行使本章规定的查阅、复制、更正、删除等权利;死者生前另有安排的除外。

第五十条 个人信息处理者应当建立便捷的个人行使权利的申请受理和处理机制。拒绝个人行使权利的请求的,应当说明理由。

个人信息处理者拒绝个人行使权利的请求的,个人可以依法向人民法院提起诉讼。

第五章 个人信息处理者的义务

第五十一条 个人信息处理者应当根据个人信息的处理目的、处理方式、个人信息的种类以及对个人权益的影响、可能存在的安全风险等,采取下列措施确保个人信息处理活动符合法律、行政法规的规定,并防止未经授权的访问以及个人信息泄露、篡改、丢失:

(一)制定内部管理制度和操作规程;

(二)对个人信息实行分类管理;

(三)采取相应的加密、去标识化等安全技术措施;

(四)合理确定个人信息处理的操作权限,并定期对从业人员进行安全教育和培训;

(五)制定并组织实施个人信息安全事件应急预案;

(六)法律、行政法规规定的其他措施。

第五十二条 处理个人信息达到国家网信部门规定数量的个人信息处理者应当指定个人信息保护负责人,负责对个人信息处理活动以及采取的保护措施等进行监督。

个人信息处理者应当公开个人信息保护负责人的联系方式,并将个人信息保护负责人的姓名、联系方式等报送履行个人信息保护职责的部门。

第五十三条 本法第三条第二款规定的中华人民共和国境外的个人信息处理者,应当在中华人民共和国境内设立专门机构或者指定代表,负责处理个人信息保护相关事务,并将有关机构的名称或者代表的姓名、联系方式等报送履行个人信息保护职责的部门。

第五十四条 个人信息处理者应当定期对其处理个人信息遵守法律、行政法规的情况进行合规审计。

第五十五条 有下列情形之一的，个人信息处理者应当事前进行个人信息保护影响评估，并对处理情况进行记录：

（一）处理敏感个人信息；

（二）利用个人信息进行自动化决策；

（三）委托处理个人信息、向其他个人信息处理者提供个人信息、公开个人信息；

（四）向境外提供个人信息；

（五）其他对个人权益有重大影响的个人信息处理活动。

第五十六条 个人信息保护影响评估应当包括下列内容：

（一）个人信息的处理目的、处理方式等是否合法、正当、必要；

（二）对个人权益的影响及安全风险；

（三）所采取的保护措施是否合法、有效并与风险程度相适应。

个人信息保护影响评估报告和处理情况记录应当至少保存三年。

第五十七条 发生或者可能发生个人信息泄露、篡改、丢失的，个人信息处理者应当立即采取补救措施，并通知履行个人信息保护职责的部门和个人。通知应当包括下列事项：

（一）发生或者可能发生个人信息泄露、篡改、丢失的信息种类、原因和可能造成的危害；

（二）个人信息处理者采取的补救措施和个人可以采取的减轻危害的措施；

（三）个人信息处理者的联系方式。

个人信息处理者采取措施能够有效避免信息泄露、篡改、丢失造成危害的，个人信息处理者可以不通知个人；履行个人信息保护职责的部门认为可能造成危害的，有权要求个人信息处理者通知个人。

第五十八条 提供重要互联网平台服务、用户数量巨大、业务类型复杂的个人信息处理者，应当履行下列义务：

（一）按照国家规定建立健全个人信息保护合规制度体系，成立主要由外部成员组成的独立机构对个人信息保护情况进行监督；

（二）遵循公开、公平、公正的原则，制定平台规则，明确平台内产品或者服务提供者处理个人信息的规范和保护个人信息的义务；

（三）对严重违反法律、行政法规处理个人信息的平台内的产品或者服务提供者，停止提供服务；

（四）定期发布个人信息保护社会责任报告，接受社会监督。

第五十九条 接受委托处理个人信息的受托人，应当依照本法和有关法律、行政法规的规定，采取必要措施保障所处理的个人信息的安全，并协助个人信息处理者履行本法规定的义务。

第六章 履行个人信息保护职责的部门

第六十条 国家网信部门负责统筹协调个人信息保护工作和相关监督管理工作。国务院有关部门依照本法和有关法律、行政法规的规定，在各自职责范围内负责个人信息保护和监督管理工作。

县级以上地方人民政府有关部门的个人信息保护和监督管理职责，按照国家有关规定确定。

前两款规定的部门统称为履行个人信息保护职责的部门。

第六十一条 履行个人信息保护职责的部门履行下列个人信息保护职责：

（一）开展个人信息保护宣传教育，指导、监督个人信息处理者开展个人信息保护工作；

（二）接受、处理与个人信息保护有关的投诉、举报；

（三）组织对应用程序等个人信息保护情况进行测评，并公布测评结果；

（四）调查、处理违法个人信息处理活动；

（五）法律、行政法规规定的其他职责。

第六十二条 国家网信部门统筹协调有关部门依据本法推进下列个人信息保护工作：

（一）制定个人信息保护具体规则、标准；

（二）针对小型个人信息处理者、处理敏感个人信息以及人脸识别、人工智能等新技术、新应用，制定专门的个人信息保护规则、标准；

（三）支持研究开发和推广应用安全、方便的电子身份认证技术，推进网络身份认证公共服务建设；

（四）推进个人信息保护社会化服务体系建设，支持有关机构开展个人信息保护评估、认证服务；

（五）完善个人信息保护投诉、举报工作机制。

第六十三条　履行个人信息保护职责的部门履行个人信息保护职责，可以采取下列措施：

（一）询问有关当事人，调查与个人信息处理活动有关的情况；

（二）查阅、复制当事人与个人信息处理活动有关的合同、记录、账簿以及其他有关资料；

（三）实施现场检查，对涉嫌违法的个人信息处理活动进行调查；

（四）检查与个人信息处理活动有关的设备、物品；对有证据证明是用于违法个人信息处理活动的设备、物品，向本部门主要负责人书面报告并经批准，可以查封或者扣押。

履行个人信息保护职责的部门依法履行职责，当事人应当予以协助、配合，不得拒绝、阻挠。

第六十四条　履行个人信息保护职责的部门在履行职责中，发现个人信息处理活动存在较大风险或者发生个人信息安全事件的，可以按照规定的权限和程序对该个人信息处理者的法定代表人或者主要负责人进行约谈，或者要求个人信息处理者委托专业机构对其个人信息处理活动进行合规审计。个人信息处理者应当按照要求采取措施，进行整改，消除隐患。

履行个人信息保护职责的部门在履行职责中，发现违法处理个人信息涉嫌犯罪的，应当及时移送公安机关依法处理。

第六十五条　任何组织、个人有权对违法个人信息处理活动向履行个人信息保护职责的部门进行投诉、举报。收到投诉、举报的部门应当依法及时处理，并将处理结果告知投诉、举报人。

履行个人信息保护职责的部门应当公布接受投诉、举报的联系方式。

第七章　法律责任

第六十六条　违反本法规定处理个人信息，或者处理个人信息未履行本法规定的个人信息保护义务的，由履行个人信息保护职责的部门责令改正，给予警告，没收违法所得，对违法处理个人信息的应用程序，责令暂停或者终止提供服务；拒不改正的，并处一百万元以下罚款；对直接负责的主管人员和其他直接责任人员处一万元以上十万元以下罚款。

有前款规定的违法行为，情节严重的，由省级以上履行个人信息保护职责的部门责令改正，没收违法所得，并处五千万元以下或者上一年度营业额百分之五以下罚款，并可以责令暂停相关业务或者停业整顿、通报有关主管部门吊销相关业务许可或者吊销营业执照；对直接负责的主管人员和其他直接责任人员处十万元以上一百万元以下罚款，并可以决定禁止其在一定期限内担任相关企业的董事、监事、高级管理人员和个人信息保护负责人。

第六十七条 有本法规定的违法行为的，依照有关法律、行政法规的规定记入信用档案，并予以公示。

第六十八条 国家机关不履行本法规定的个人信息保护义务的，由其上级机关或者履行个人信息保护职责的部门责令改正；对直接负责的主管人员和其他直接责任人员依法给予处分。

履行个人信息保护职责的部门的工作人员玩忽职守、滥用职权、徇私舞弊，尚不构成犯罪的，依法给予处分。

第六十九条 处理个人信息侵害个人信息权益造成损害，个人信息处理者不能证明自己没有过错的，应当承担损害赔偿等侵权责任。

前款规定的损害赔偿责任按照个人因此受到的损失或者个人信息处理者因此获得的利益确定；个人因此受到的损失和个人信息处理者因此获得的利益难以确定的，根据实际情况确定赔偿数额。

第七十条 个人信息处理者违反本法规定处理个人信息，侵害众多个人的权益的，人民检察院、法律规定的消费者组织和由国家网信部门确定的组织可以依法向人民法院提起诉讼。

第七十一条 违反本法规定，构成违反治安管理行为的，依法给予治安管理处罚；构成犯罪的，依法追究刑事责任。

第八章 附 则

第七十二条 自然人因个人或者家庭事务处理个人信息的，不适用本法。

法律对各级人民政府及其有关部门组织实施的统计、档案管理活动中的个人信息处理有规定的，适用其规定。

第七十三条 本法下列用语的含义：

（一）个人信息处理者，是指在个人信息处理活动中自主决定处理目的、处理方式的组织、个人。

(二)自动化决策,是指通过计算机程序自动分析、评估个人的行为习惯、兴趣爱好或者经济、健康、信用状况等,并进行决策的活动。

(三)去标识化,是指个人信息经过处理,使其在不借助额外信息的情况下无法识别特定自然人的过程。

(四)匿名化,是指个人信息经过处理无法识别特定自然人且不能复原的过程。

第七十四条 本法自2021年11月1日起施行。

中华人民共和国市场主体登记管理条例

(2021年7月27日国务院令第746号公布
自2022年3月1日起施行)

第一章 总 则

第一条 为了规范市场主体登记管理行为,推进法治化市场建设,维护良好市场秩序和市场主体合法权益,优化营商环境,制定本条例。

第二条 本条例所称市场主体,是指在中华人民共和国境内以营利为目的从事经营活动的下列自然人、法人及非法人组织:

(一)公司、非公司企业法人及其分支机构;

(二)个人独资企业、合伙企业及其分支机构;

(三)农民专业合作社(联合社)及其分支机构;

(四)个体工商户;

(五)外国公司分支机构;

(六)法律、行政法规规定的其他市场主体。

第三条 市场主体应当依照本条例办理登记。未经登记,不得以市场主体名义从事经营活动。法律、行政法规规定无需办理登记的除外。

市场主体登记包括设立登记、变更登记和注销登记。

第四条 市场主体登记管理应当遵循依法合规、规范统一、公开透明、便捷高效的原则。

第五条　国务院市场监督管理部门主管全国市场主体登记管理工作。

县级以上地方人民政府市场监督管理部门主管本辖区市场主体登记管理工作，加强统筹指导和监督管理。

第六条　国务院市场监督管理部门应当加强信息化建设，制定统一的市场主体登记数据和系统建设规范。

县级以上地方人民政府承担市场主体登记工作的部门（以下称登记机关）应当优化市场主体登记办理流程，提高市场主体登记效率，推行当场办结、一次办结、限时办结等制度，实现集中办理、就近办理、网上办理、异地可办，提升市场主体登记便利化程度。

第七条　国务院市场监督管理部门和国务院有关部门应当推动市场主体登记信息与其他政府信息的共享和运用，提升政府服务效能。

第二章　登 记 事 项

第八条　市场主体的一般登记事项包括：

（一）名称；

（二）主体类型；

（三）经营范围；

（四）住所或者主要经营场所；

（五）注册资本或者出资额；

（六）法定代表人、执行事务合伙人或者负责人姓名。

除前款规定外，还应当根据市场主体类型登记下列事项：

（一）有限责任公司股东、股份有限公司发起人、非公司企业法人出资人的姓名或者名称；

（二）个人独资企业的投资人姓名及居所；

（三）合伙企业的合伙人名称或者姓名、住所、承担责任方式；

（四）个体工商户的经营者姓名、住所、经营场所；

（五）法律、行政法规规定的其他事项。

第九条　市场主体的下列事项应当向登记机关办理备案：

（一）章程或者合伙协议；

（二）经营期限或者合伙期限；

（三）有限责任公司股东或者股份有限公司发起人认缴的出资数额，合伙企业合伙人认缴或者实际缴付的出资数额、缴付期限和出资方式；

（四）公司董事、监事、高级管理人员；

（五）农民专业合作社（联合社）成员；

（六）参加经营的个体工商户家庭成员姓名；

（七）市场主体登记联络员、外商投资企业法律文件送达接受人；

（八）公司、合伙企业等市场主体受益所有人相关信息；

（九）法律、行政法规规定的其他事项。

第十条 市场主体只能登记一个名称，经登记的市场主体名称受法律保护。

市场主体名称由申请人依法自主申报。

第十一条 市场主体只能登记一个住所或者主要经营场所。

电子商务平台内的自然人经营者可以根据国家有关规定，将电子商务平台提供的网络经营场所作为经营场所。

省、自治区、直辖市人民政府可以根据有关法律、行政法规的规定和本地区实际情况，自行或者授权下级人民政府对住所或者主要经营场所作出更加便利市场主体从事经营活动的具体规定。

第十二条 有下列情形之一的，不得担任公司、非公司企业法人的法定代表人：

（一）无民事行为能力或者限制民事行为能力；

（二）因贪污、贿赂、侵占财产、挪用财产或者破坏社会主义市场经济秩序被判处刑罚，执行期满未逾5年，或者因犯罪被剥夺政治权利，执行期满未逾5年；

（三）担任破产清算的公司、非公司企业法人的法定代表人、董事或者厂长、经理，对破产负有个人责任的，自破产清算完结之日起未逾3年；

（四）担任因违法被吊销营业执照、责令关闭的公司、非公司企业法人的法定代表人，并负有个人责任的，自被吊销营业执照之日起未逾3年；

（五）个人所负数额较大的债务到期未清偿；

（六）法律、行政法规规定的其他情形。

第十三条 除法律、行政法规或者国务院决定另有规定外，市场主体的注册资本或者出资额实行认缴登记制，以人民币表示。

出资方式应当符合法律、行政法规的规定。公司股东、非公司企业法人出资人、农民专业合作社(联合社)成员不得以劳务、信用、自然人姓名、商誉、特许经营权或者设定担保的财产等作价出资。

第十四条 市场主体的经营范围包括一般经营项目和许可经营项目。经营范围中属于在登记前依法须经批准的许可经营项目,市场主体应当在申请登记时提交有关批准文件。

市场主体应当按照登记机关公布的经营项目分类标准办理经营范围登记。

第三章 登 记 规 范

第十五条 市场主体实行实名登记。申请人应当配合登记机关核验身份信息。

第十六条 申请办理市场主体登记,应当提交下列材料:

(一)申请书;

(二)申请人资格文件、自然人身份证明;

(三)住所或者主要经营场所相关文件;

(四)公司、非公司企业法人、农民专业合作社(联合社)章程或者合伙企业合伙协议;

(五)法律、行政法规和国务院市场监督管理部门规定提交的其他材料。

国务院市场监督管理部门应当根据市场主体类型分别制定登记材料清单和文书格式样本,通过政府网站、登记机关服务窗口等向社会公开。

登记机关能够通过政务信息共享平台获取的市场主体登记相关信息,不得要求申请人重复提供。

第十七条 申请人应当对提交材料的真实性、合法性和有效性负责。

第十八条 申请人可以委托其他自然人或者中介机构代其办理市场主体登记。受委托的自然人或者中介机构代为办理登记事宜应当遵守有关规定,不得提供虚假信息和材料。

第十九条 登记机关应当对申请材料进行形式审查。对申请材料齐全、符合法定形式的予以确认并当场登记。不能当场登记的,应当在 3 个工作日内予以登记;情形复杂的,经登记机关负责人批准,可以再延长 3 个工作日。

申请材料不齐全或者不符合法定形式的,登记机关应当一次性告知申请人需要补正的材料。

第二十条　登记申请不符合法律、行政法规规定，或者可能危害国家安全、社会公共利益的，登记机关不予登记并说明理由。

第二十一条　申请人申请市场主体设立登记，登记机关依法予以登记的，签发营业执照。营业执照签发日期为市场主体的成立日期。

法律、行政法规或者国务院决定规定设立市场主体须经批准的，应当在批准文件有效期内向登记机关申请登记。

第二十二条　营业执照分为正本和副本，具有同等法律效力。

电子营业执照与纸质营业执照具有同等法律效力。

营业执照样式、电子营业执照标准由国务院市场监督管理部门统一制定。

第二十三条　市场主体设立分支机构，应当向分支机构所在地的登记机关申请登记。

第二十四条　市场主体变更登记事项，应当自作出变更决议、决定或者法定变更事项发生之日起 30 日内向登记机关申请变更登记。

市场主体变更登记事项属于依法须经批准的，申请人应当在批准文件有效期内向登记机关申请变更登记。

第二十五条　公司、非公司企业法人的法定代表人在任职期间发生本条例第十二条所列情形之一的，应当向登记机关申请变更登记。

第二十六条　市场主体变更经营范围，属于依法须经批准的项目的，应当自批准之日起 30 日内申请变更登记。许可证或者批准文件被吊销、撤销或者有效期届满的，应当自许可证或者批准文件被吊销、撤销或者有效期届满之日起 30 日内向登记机关申请变更登记或者办理注销登记。

第二十七条　市场主体变更住所或者主要经营场所跨登记机关辖区的，应当在迁入新的住所或者主要经营场所前，向迁入地登记机关申请变更登记。迁出地登记机关无正当理由不得拒绝移交市场主体档案等相关材料。

第二十八条　市场主体变更登记涉及营业执照记载事项的，登记机关应当及时为市场主体换发营业执照。

第二十九条　市场主体变更本条例第九条规定的备案事项的，应当自作出变更决议、决定或者法定变更事项发生之日起 30 日内向登记机关办理备案。农民专业合作社（联合社）成员发生变更的，应当自本会计年度终了之日起 90 日内向登记机关办理备案。

第三十条　因自然灾害、事故灾难、公共卫生事件、社会安全事件等原因造成经营困难的，市场主体可以自主决定在一定时期内歇业。法律、行政法规另有规定的除外。

市场主体应当在歇业前与职工依法协商劳动关系处理等有关事项。

市场主体应当在歇业前向登记机关办理备案。登记机关通过国家企业信用信息公示系统向社会公示歇业期限、法律文书送达地址等信息。

市场主体歇业的期限最长不得超过3年。市场主体在歇业期间开展经营活动的，视为恢复营业，市场主体应当通过国家企业信用信息公示系统向社会公示。

市场主体歇业期间，可以以法律文书送达地址代替住所或者主要经营场所。

第三十一条　市场主体因解散、被宣告破产或者其他法定事由需要终止的，应当依法向登记机关申请注销登记。经登记机关注销登记，市场主体终止。

市场主体注销依法须经批准的，应当经批准后向登记机关申请注销登记。

第三十二条　市场主体注销登记前依法应当清算的，清算组应当自成立之日起10日内将清算组成员、清算组负责人名单通过国家企业信用信息公示系统公告。清算组可以通过国家企业信用信息公示系统发布债权人公告。

清算组应当自清算结束之日起30日内向登记机关申请注销登记。市场主体申请注销登记前，应当依法办理分支机构注销登记。

第三十三条　市场主体未发生债权债务或者已将债权债务清偿完结，未发生或者已结清清偿费用、职工工资、社会保险费用、法定补偿金、应缴纳税款（滞纳金、罚款），并由全体投资人书面承诺对上述情况的真实性承担法律责任的，可以按照简易程序办理注销登记。

市场主体应当将承诺书及注销登记申请通过国家企业信用信息公示系统公示，公示期为20日。在公示期内无相关部门、债权人及其他利害关系人提出异议的，市场主体可以于公示期届满之日起20日内向登记机关申请注销登记。

个体工商户按照简易程序办理注销登记的，无需公示，由登记机关将个体工商户的注销登记申请推送至税务等有关部门，有关部门在10日内没有提出异议的，可以直接办理注销登记。

市场主体注销依法须经批准的，或者市场主体被吊销营业执照、责令关闭、撤销，或者被列入经营异常名录的，不适用简易注销程序。

第三十四条　人民法院裁定强制清算或者裁定宣告破产的，有关清算组、破产管理人可以持人民法院终结强制清算程序的裁定或者终结破产程序的裁定，直接向登记机关申请办理注销登记。

第四章　监 督 管 理

第三十五条　市场主体应当按照国家有关规定公示年度报告和登记相关信息。

第三十六条　市场主体应当将营业执照置于住所或者主要经营场所的醒目位置。从事电子商务经营的市场主体应当在其首页显著位置持续公示营业执照信息或者相关链接标识。

第三十七条　任何单位和个人不得伪造、涂改、出租、出借、转让营业执照。

营业执照遗失或者毁坏的，市场主体应当通过国家企业信用信息公示系统声明作废，申请补领。

登记机关依法作出变更登记、注销登记和撤销登记决定的，市场主体应当缴回营业执照。拒不缴回或者无法缴回营业执照的，由登记机关通过国家企业信用信息公示系统公告营业执照作废。

第三十八条　登记机关应当根据市场主体的信用风险状况实施分级分类监管。

登记机关应当采取随机抽取检查对象、随机选派执法检查人员的方式，对市场主体登记事项进行监督检查，并及时向社会公开监督检查结果。

第三十九条　登记机关对市场主体涉嫌违反本条例规定的行为进行查处，可以行使下列职权：

（一）进入市场主体的经营场所实施现场检查；

（二）查阅、复制、收集与市场主体经营活动有关的合同、票据、账簿以及其他资料；

（三）向与市场主体经营活动有关的单位和个人调查了解情况；

（四）依法责令市场主体停止相关经营活动；

（五）依法查询涉嫌违法的市场主体的银行账户；

（六）法律、行政法规规定的其他职权。

登记机关行使前款第四项、第五项规定的职权的，应当经登记机关主要负责人批准。

第四十条　提交虚假材料或者采取其他欺诈手段隐瞒重要事实取得市场主体登记的，受虚假市场主体登记影响的自然人、法人和其他组织可以向登记机关提出撤销市场主体登记的申请。

登记机关受理申请后，应当及时开展调查。经调查认定存在虚假市场主体登记情形的，登记机关应当撤销市场主体登记。相关市场主体和人员无法联系或者拒不配合的，登记机关可以将相关市场主体的登记时间、登记事项等通过国家企业信用信息公示系统向社会公示，公示期为45日。相关市场主体及其利害关系人在公示期内没有提出异议的，登记机关可以撤销市场主体登记。

因虚假市场主体登记被撤销的市场主体，其直接责任人自市场主体登记被撤销之日起3年内不得再次申请市场主体登记。登记机关应当通过国家企业信用信息公示系统予以公示。

第四十一条　有下列情形之一的，登记机关可以不予撤销市场主体登记：

（一）撤销市场主体登记可能对社会公共利益造成重大损害；

（二）撤销市场主体登记后无法恢复到登记前的状态；

（三）法律、行政法规规定的其他情形。

第四十二条　登记机关或者其上级机关认定撤销市场主体登记决定错误的，可以撤销该决定，恢复原登记状态，并通过国家企业信用信息公示系统公示。

第五章　法律责任

第四十三条　未经设立登记从事经营活动的，由登记机关责令改正，没收违法所得；拒不改正的，处1万元以上10万元以下的罚款；情节严重的，依法责令关闭停业，并处10万元以上50万元以下的罚款。

第四十四条　提交虚假材料或者采取其他欺诈手段隐瞒重要事实取得市场主体登记的，由登记机关责令改正，没收违法所得，并处5万元以上20

万元以下的罚款；情节严重的，处 20 万元以上 100 万元以下的罚款，吊销营业执照。

第四十五条 实行注册资本实缴登记制的市场主体虚报注册资本取得市场主体登记的，由登记机关责令改正，处虚报注册资本金额 5% 以上 15% 以下的罚款；情节严重的，吊销营业执照。

实行注册资本实缴登记制的市场主体的发起人、股东虚假出资，未交付或者未按期交付作为出资的货币或者非货币财产的，或者在市场主体成立后抽逃出资的，由登记机关责令改正，处虚假出资金额 5% 以上 15% 以下的罚款。

第四十六条 市场主体未依照本条例办理变更登记的，由登记机关责令改正；拒不改正的，处 1 万元以上 10 万元以下的罚款；情节严重的，吊销营业执照。

第四十七条 市场主体未依照本条例办理备案的，由登记机关责令改正；拒不改正的，处 5 万元以下的罚款。

第四十八条 市场主体未依照本条例将营业执照置于住所或者主要经营场所醒目位置的，由登记机关责令改正；拒不改正的，处 3 万元以下的罚款。

从事电子商务经营的市场主体未在其首页显著位置持续公示营业执照信息或者相关链接标识的，由登记机关依照《中华人民共和国电子商务法》处罚。

市场主体伪造、涂改、出租、出借、转让营业执照的，由登记机关没收违法所得，处 10 万元以下的罚款；情节严重的，处 10 万元以上 50 万元以下的罚款，吊销营业执照。

第四十九条 违反本条例规定的，登记机关确定罚款金额时，应当综合考虑市场主体的类型、规模、违法情节等因素。

第五十条 登记机关及其工作人员违反本条例规定未履行职责或者履行职责不当的，对直接负责的主管人员和其他直接责任人员依法给予处分。

第五十一条 违反本条例规定，构成犯罪的，依法追究刑事责任。

第五十二条 法律、行政法规对市场主体登记管理违法行为处罚另有规定的，从其规定。

第六章 附 则

第五十三条 国务院市场监督管理部门可以依照本条例制定市场主体登记和监督管理的具体办法。

第五十四条 无固定经营场所摊贩的管理办法，由省、自治区、直辖市人民政府根据当地实际情况另行规定。

第五十五条 本条例自2022年3月1日起施行。《中华人民共和国公司登记管理条例》、《中华人民共和国企业法人登记管理条例》、《中华人民共和国合伙企业登记管理办法》、《农民专业合作社登记管理条例》、《企业法人法定代表人登记管理规定》同时废止。

网络交易监督管理办法

（2021年3月15日国家市场监督管理总局令第37号公布
自2021年5月1日起施行）

第一章 总 则

第一条 为了规范网络交易活动，维护网络交易秩序，保障网络交易各方主体合法权益，促进数字经济持续健康发展，根据有关法律、行政法规，制定本办法。

第二条 在中华人民共和国境内，通过互联网等信息网络（以下简称通过网络）销售商品或者提供服务的经营活动以及市场监督管理部门对其进行监督管理，适用本办法。

在网络社交、网络直播等信息网络活动中销售商品或者提供服务的经营活动，适用本办法。

第三条 网络交易经营者从事经营活动，应当遵循自愿、平等、公平、诚信原则，遵守法律、法规、规章和商业道德、公序良俗，公平参与市场竞争，认真履行法定义务，积极承担主体责任，接受社会各界监督。

第四条 网络交易监督管理坚持鼓励创新、包容审慎、严守底线、线上线下一体化监管的原则。

第五条 国家市场监督管理总局负责组织指导全国网络交易监督管理工作。

县级以上地方市场监督管理部门负责本行政区域内的网络交易监督管理工作。

第六条 市场监督管理部门引导网络交易经营者、网络交易行业组织、消费者组织、消费者共同参与网络交易市场治理,推动完善多元参与、有效协同、规范有序的网络交易市场治理体系。

第二章 网络交易经营者

第一节 一般规定

第七条 本办法所称网络交易经营者,是指组织、开展网络交易活动的自然人、法人和非法人组织,包括网络交易平台经营者、平台内经营者、自建网站经营者以及通过其他网络服务开展网络交易活动的网络交易经营者。

本办法所称网络交易平台经营者,是指在网络交易活动中为交易双方或者多方提供网络经营场所、交易撮合、信息发布等服务,供交易双方或者多方独立开展网络交易活动的法人或者非法人组织。

本办法所称平台内经营者,是指通过网络交易平台开展网络交易活动的网络交易经营者。

网络社交、网络直播等网络服务提供者为经营者提供网络经营场所、商品浏览、订单生成、在线支付等网络交易平台服务的,应当依法履行网络交易平台经营者的义务。通过上述网络交易平台服务开展网络交易活动的经营者,应当依法履行平台内经营者的义务。

第八条 网络交易经营者不得违反法律、法规、国务院决定的规定,从事无证无照经营。除《中华人民共和国电子商务法》第十条规定的不需要进行登记的情形外,网络交易经营者应当依法办理市场主体登记。

个人通过网络从事保洁、洗涤、缝纫、理发、搬家、配制钥匙、管道疏通、家电家具修理修配等依法无须取得许可的便民劳务活动,依照《中华人民共和国电子商务法》第十条的规定不需要进行登记。

个人从事网络交易活动,年交易额累计不超过10万元的,依照《中华人民共和国电子商务法》第十条的规定不需要进行登记。同一经营者在同一平台或者不同平台开设多家网店的，各网店交易额合并计算。个人从事的零星小额交易须依法取得行政许可的，应当依法办理市场主体登记。

第九条 仅通过网络开展经营活动的平台内经营者申请登记为个体工商户的，可以将网络经营场所登记为经营场所，将经常居住地登记为住所，其住所所在地的县、自治县、不设区的市、市辖区市场监督管理部门为其登记机关。同一经营者有两个以上网络经营场所的，应当一并登记。

第十条 平台内经营者申请将网络经营场所登记为经营场所的，由其入驻的网络交易平台为其出具符合登记机关要求的网络经营场所相关材料。

第十一条 网络交易经营者销售的商品或者提供的服务应当符合保障人身、财产安全的要求和环境保护要求，不得销售或者提供法律、行政法规禁止交易，损害国家利益和社会公共利益，违背公序良俗的商品或者服务。

第十二条 网络交易经营者应当在其网站首页或者从事经营活动的主页面显著位置，持续公示经营者主体信息或者该信息的链接标识。鼓励网络交易经营者链接到国家市场监督管理总局电子营业执照亮照系统，公示其营业执照信息。

已经办理市场主体登记的网络交易经营者应当如实公示下列营业执照信息以及与其经营业务有关的行政许可等信息，或者该信息的链接标识：

（一）企业应当公示其营业执照登载的统一社会信用代码、名称、企业类型、法定代表人（负责人）、住所、注册资本（出资额）等信息；

（二）个体工商户应当公示其营业执照登载的统一社会信用代码、名称、经营者姓名、经营场所、组成形式等信息；

（三）农民专业合作社、农民专业合作社联合社应当公示其营业执照登载的统一社会信用代码、名称、法定代表人、住所、成员出资总额等信息。

依照《中华人民共和国电子商务法》第十条规定不需要进行登记的经营者应当根据自身实际经营活动类型，如实公示以下自我声明以及实际经营地址、联系方式等信息，或者该信息的链接标识：

（一）“个人销售自产农副产品，依法不需要办理市场主体登记”；

（二）“个人销售家庭手工业产品，依法不需要办理市场主体登记”；

（三）“个人利用自己的技能从事依法无须取得许可的便民劳务活动，依法不需要办理市场主体登记”；

（四）“个人从事零星小额交易活动，依法不需要办理市场主体登记”。

网络交易经营者公示的信息发生变更的，应当在十个工作日内完成更新公示。

第十三条 网络交易经营者收集、使用消费者个人信息，应当遵循合法、正当、必要的原则，明示收集、使用信息的目的、方式和范围，并经消费者同意。网络交易经营者收集、使用消费者个人信息，应当公开其收集、使用规则，不得违反法律、法规的规定和双方的约定收集、使用信息。

网络交易经营者不得采用一次概括授权、默认授权、与其他授权捆绑、停止安装使用等方式，强迫或者变相强迫消费者同意收集、使用与经营活动无直接关系的信息。收集、使用个人生物特征、医疗健康、金融账户、个人行踪等敏感信息的，应当逐项取得消费者同意。

网络交易经营者及其工作人员应当对收集的个人信息严格保密，除依法配合监管执法活动外，未经被收集者授权同意，不得向包括关联方在内的任何第三方提供。

第十四条 网络交易经营者不得违反《中华人民共和国反不正当竞争法》等规定，实施扰乱市场竞争秩序，损害其他经营者或者消费者合法权益的不正当竞争行为。

网络交易经营者不得以下列方式，作虚假或者引人误解的商业宣传，欺骗、误导消费者：

（一）虚构交易、编造用户评价；

（二）采用误导性展示等方式，将好评前置、差评后置，或者不显著区分不同商品或者服务的评价等；

（三）采用谎称现货、虚构预订、虚假抢购等方式进行虚假营销；

（四）虚构点击量、关注度等流量数据，以及虚构点赞、打赏等交易互动数据。

网络交易经营者不得实施混淆行为，引人误认为是他人商品、服务或者与他人存在特定联系。

网络交易经营者不得编造、传播虚假信息或者误导性信息，损害竞争对手的商业信誉、商品声誉。

第十五条 消费者评价中包含法律、行政法规、规章禁止发布或者传输的信息的，网络交易经营者可以依法予以技术处理。

第十六条 网络交易经营者未经消费者同意或者请求，不得向其发送商业性信息。

网络交易经营者发送商业性信息时，应当明示其真实身份和联系方式，并向消费者提供显著、简便、免费的拒绝继续接收的方式。消费者明确表示拒绝的，应当立即停止发送，不得更换名义后再次发送。

第十七条 网络交易经营者以直接捆绑或者提供多种可选项方式向消费者搭售商品或者服务的，应当以显著方式提醒消费者注意。提供多种可选项方式的，不得将搭售商品或者服务的任何选项设定为消费者默认同意，不得将消费者以往交易中选择的选项在后续独立交易中设定为消费者默认选择。

第十八条 网络交易经营者采取自动展期、自动续费等方式提供服务的，应当在消费者接受服务前和自动展期、自动续费等日期前五日，以显著方式提请消费者注意，由消费者自主选择；在服务期间内，应当为消费者提供显著、简便的随时取消或者变更的选项，并不得收取不合理费用。

第十九条 网络交易经营者应当全面、真实、准确、及时地披露商品或者服务信息，保障消费者的知情权和选择权。

第二十条 通过网络社交、网络直播等网络服务开展网络交易活动的网络交易经营者，应当以显著方式展示商品或者服务及其实际经营主体、售后服务等信息，或者上述信息的链接标识。

网络直播服务提供者对网络交易活动的直播视频保存时间自直播结束之日起不少于三年。

第二十一条 网络交易经营者向消费者提供商品或者服务使用格式条款、通知、声明等的，应当以显著方式提请消费者注意与消费者有重大利害关系的内容，并按照消费者的要求予以说明，不得作出含有下列内容的规定：

（一）免除或者部分免除网络交易经营者对其所提供的商品或者服务应当承担的修理、重作、更换、退货、补足商品数量、退还货款和服务费用、赔偿损失等责任；

（二）排除或者限制消费者提出修理、更换、退货、赔偿损失以及获得违约金和其他合理赔偿的权利；

（三）排除或者限制消费者依法投诉、举报、请求调解、申请仲裁、提起诉讼的权利；

（四）排除或者限制消费者依法变更或者解除合同的权利；

（五）规定网络交易经营者单方享有解释权或者最终解释权；

（六）其他对消费者不公平、不合理的规定。

第二十二条 网络交易经营者应当按照国家市场监督管理总局及其授权的省级市场监督管理部门的要求，提供特定时段、特定品类、特定区域的商品或者服务的价格、销量、销售额等数据信息。

第二十三条 网络交易经营者自行终止从事网络交易活动的，应当提前三十日在其网站首页或者从事经营活动的主页面显著位置，持续公示终止网络交易活动公告等有关信息，并采取合理、必要、及时的措施保障消费者和相关经营者的合法权益。

第二节 网络交易平台经营者

第二十四条 网络交易平台经营者应当要求申请进入平台销售商品或者提供服务的经营者提交其身份、地址、联系方式、行政许可等真实信息，进行核验、登记，建立登记档案，并至少每六个月核验更新一次。

网络交易平台经营者应当对未办理市场主体登记的平台内经营者进行动态监测，对超过本办法第八条第三款规定额度的，及时提醒其依法办理市场主体登记。

第二十五条 网络交易平台经营者应当依照法律、行政法规的规定，向市场监督管理部门报送有关信息。

网络交易平台经营者应当分别于每年 1 月和 7 月向住所地省级市场监督管理部门报送平台内经营者的下列身份信息：

（一）已办理市场主体登记的平台内经营者的名称（姓名）、统一社会信用代码、实际经营地址、联系方式、网店名称以及网址链接等信息；

（二）未办理市场主体登记的平台内经营者的姓名、身份证件号码、实际经营地址、联系方式、网店名称以及网址链接、属于依法不需要办理市场主体登记的具体情形的自我声明等信息；其中，对超过本办法第八条第三款规定额度的平台内经营者进行特别标示。

鼓励网络交易平台经营者与市场监督管理部门建立开放数据接口等形式的自动化信息报送机制。

第二十六条 网络交易平台经营者应当为平台内经营者依法履行信息

公示义务提供技术支持。平台内经营者公示的信息发生变更的,应当在三个工作日内将变更情况报送平台,平台应当在七个工作日内进行核验,完成更新公示。

第二十七条 网络交易平台经营者应当以显著方式区分标记已办理市场主体登记的经营者和未办理市场主体登记的经营者,确保消费者能够清晰辨认。

第二十八条 网络交易平台经营者修改平台服务协议和交易规则的,应当完整保存修改后的版本生效之日前三年的全部历史版本,并保证经营者和消费者能够便利、完整地阅览和下载。

第二十九条 网络交易平台经营者应当对平台内经营者及其发布的商品或者服务信息建立检查监控制度。网络交易平台经营者发现平台内的商品或者服务信息有违反市场监督管理法律、法规、规章,损害国家利益和社会公共利益,违背公序良俗的,应当依法采取必要的处置措施,保存有关记录,并向平台住所地县级以上市场监督管理部门报告。

第三十条 网络交易平台经营者依据法律、法规、规章的规定或者平台服务协议和交易规则对平台内经营者违法行为采取警示、暂停或者终止服务等处理措施的,应当自决定作出处理措施之日起一个工作日内予以公示,载明平台内经营者的网店名称、违法行为、处理措施等信息。警示、暂停服务等短期处理措施的相关信息应当持续公示至处理措施实施期满之日止。

第三十一条 网络交易平台经营者对平台内经营者身份信息的保存时间自其退出平台之日起不少于三年;对商品或者服务信息,支付记录、物流快递、退换货以及售后等交易信息的保存时间自交易完成之日起不少于三年。法律、行政法规另有规定的,依照其规定。

第三十二条 网络交易平台经营者不得违反《中华人民共和国电子商务法》第三十五条的规定,对平台内经营者在平台内的交易、交易价格以及与其他经营者的交易等进行不合理限制或者附加不合理条件,干涉平台内经营者的自主经营。具体包括:

(一)通过搜索降权、下架商品、限制经营、屏蔽店铺、提高服务收费等方式,禁止或者限制平台内经营者自主选择在多个平台开展经营活动,或者利用不正当手段限制其仅在特定平台开展经营活动;

(二)禁止或者限制平台内经营者自主选择快递物流等交易辅助服务提

供者；

（三）其他干涉平台内经营者自主经营的行为。

第三章 监督管理

第三十三条 县级以上地方市场监督管理部门应当在日常管理和执法活动中加强协同配合。

网络交易平台经营者住所地省级市场监督管理部门应当根据工作需要，及时将掌握的平台内经营者身份信息与其实际经营地的省级市场监督管理部门共享。

第三十四条 市场监督管理部门在依法开展监督检查、案件调查、事故处置、缺陷消费品召回、消费争议处理等监管执法活动时，可以要求网络交易平台经营者提供有关的平台内经营者身份信息，商品或者服务信息，支付记录、物流快递、退换货以及售后等交易信息。网络交易平台经营者应当提供，并在技术方面积极配合市场监督管理部门开展网络交易违法行为监测工作。

为网络交易经营者提供宣传推广、支付结算、物流快递、网络接入、服务器托管、虚拟主机、云服务、网站网页设计制作等服务的经营者（以下简称其他服务提供者），应当及时协助市场监督管理部门依法查处网络交易违法行为，提供其掌握的有关数据信息。法律、行政法规另有规定的，依照其规定。

市场监督管理部门发现网络交易经营者有违法行为，依法要求网络交易平台经营者、其他服务提供者采取措施制止的，网络交易平台经营者、其他服务提供者应当予以配合。

第三十五条 市场监督管理部门对涉嫌违法的网络交易行为进行查处时，可以依法采取下列措施：

（一）对与涉嫌违法的网络交易行为有关的场所进行现场检查；

（二）查阅、复制与涉嫌违法的网络交易行为有关的合同、票据、账簿等有关资料；

（三）收集、调取、复制与涉嫌违法的网络交易行为有关的电子数据；

（四）询问涉嫌从事违法的网络交易行为的当事人；

（五）向与涉嫌违法的网络交易行为有关的自然人、法人和非法人组织调查了解有关情况；

（六）法律、法规规定可以采取的其他措施。

采取前款规定的措施,依法需要报经批准的,应当办理批准手续。

市场监督管理部门对网络交易违法行为的技术监测记录资料,可以作为实施行政处罚或者采取行政措施的电子数据证据。

第三十六条 市场监督管理部门应当采取必要措施保护网络交易经营者提供的数据信息的安全,并对其中的个人信息、隐私和商业秘密严格保密。

第三十七条 市场监督管理部门依法对网络交易经营者实施信用监管,将网络交易经营者的注册登记、备案、行政许可、抽查检查结果、行政处罚、列入经营异常名录和严重违法失信企业名单等信息,通过国家企业信用信息公示系统统一归集并公示。对存在严重违法失信行为的,依法实施联合惩戒。

前款规定的信息还可以通过市场监督管理部门官方网站、网络搜索引擎、经营者从事经营活动的主页面显著位置等途径公示。

第三十八条 网络交易经营者未依法履行法定责任和义务,扰乱或者可能扰乱网络交易秩序,影响消费者合法权益的,市场监督管理部门可以依职责对其法定代表人或者主要负责人进行约谈,要求其采取措施进行整改。

第四章 法律责任

第三十九条 法律、行政法规对网络交易违法行为的处罚已有规定的,依照其规定。

第四十条 网络交易平台经营者违反本办法第十条,拒不为入驻的平台内经营者出具网络经营场所相关材料的,由市场监督管理部门责令限期改正;逾期不改正的,处一万元以上三万元以下罚款。

第四十一条 网络交易经营者违反本办法第十一条、第十三条、第十六条、第十八条,法律、行政法规有规定的,依照其规定;法律、行政法规没有规定的,由市场监督管理部门依职责责令限期改正,可以处五千元以上三万元以下罚款。

第四十二条 网络交易经营者违反本办法第十二条、第二十三条,未履行法定信息公示义务的,依照《中华人民共和国电子商务法》第七十六条的规定进行处罚。对其中的网络交易平台经营者,依照《中华人民共和国电子商务法》第八十一条第一款的规定进行处罚。

第四十三条 网络交易经营者违反本办法第十四条的,依照《中华人民共和国反不正当竞争法》的相关规定进行处罚。

第四十四条 网络交易经营者违反本办法第十七条的，依照《中华人民共和国电子商务法》第七十七条的规定进行处罚。

第四十五条 网络交易经营者违反本办法第二十条，法律、行政法规有规定的，依照其规定；法律、行政法规没有规定的，由市场监督管理部门责令限期改正；逾期不改正的，处一万元以下罚款。

第四十六条 网络交易经营者违反本办法第二十二条的，由市场监督管理部门责令限期改正；逾期不改正的，处五千元以上三万元以下罚款。

第四十七条 网络交易平台经营者违反本办法第二十四条第一款、第二十五条第二款、第三十一条，不履行法定核验、登记义务，有关信息报送义务，商品和服务信息、交易信息保存义务的，依照《中华人民共和国电子商务法》第八十条的规定进行处罚。

第四十八条 网络交易平台经营者违反本办法第二十七条、第二十八条、第三十条的，由市场监督管理部门责令限期改正；逾期不改正的，处一万元以上三万元以下罚款。

第四十九条 网络交易平台经营者违反本办法第二十九条，法律、行政法规有规定的，依照其规定；法律、行政法规没有规定的，由市场监督管理部门依职责责令限期改正，可以处一万元以上三万元以下罚款。

第五十条 网络交易平台经营者违反本办法第三十二条的，依照《中华人民共和国电子商务法》第八十二条的规定进行处罚。

第五十一条 网络交易经营者销售商品或者提供服务，不履行合同义务或者履行合同义务不符合约定，或者造成他人损害的，依法承担民事责任。

第五十二条 网络交易平台经营者知道或者应当知道平台内经营者销售的商品或者提供的服务不符合保障人身、财产安全的要求，或者有其他侵害消费者合法权益行为，未采取必要措施的，依法与该平台内经营者承担连带责任。

对关系消费者生命健康的商品或者服务，网络交易平台经营者对平台内经营者的资质资格未尽到审核义务，或者对消费者未尽到安全保障义务，造成消费者损害的，依法承担相应的责任。

第五十三条 对市场监督管理部门依法开展的监管执法活动，拒绝依照本办法规定提供有关材料、信息，或者提供虚假材料、信息，或者隐匿、销毁、转移证据，或者有其他拒绝、阻碍监管执法行为，法律、行政法规、其他市场监督管理部门规章有规定的，依照其规定；法律、行政法规、其他市场监督管理部门规章没有规定的，由市场监督管理部门责令改正，可以处五千元以上三万元以下罚款。

第五十四条　市场监督管理部门的工作人员，玩忽职守、滥用职权、徇私舞弊，或者泄露、出售或者非法向他人提供在履行职责中所知悉的个人信息、隐私和商业秘密的，依法追究法律责任。

第五十五条　违反本办法规定，构成犯罪的，依法追究刑事责任。

第五章　附　　则

第五十六条　本办法自2021年5月1日起施行。2014年1月26日原国家工商行政管理总局令第60号公布的《网络交易管理办法》同时废止。

网络交易平台合同格式条款规范指引

（2014年7月30日　工商市字〔2014〕144号）

第一章　总　　则

第一条　为规范网络交易平台合同格式条款，保护经营者和消费者的合法权益，促进网络经济持续健康发展，依据《中华人民共和国合同法》、《中华人民共和国消费者权益保护法》、《网络交易管理办法》等法律、法规和规章，制定本规范指引。

第二条　中华人民共和国境内设立的网络交易平台的经营者通过互联网（含移动互联网），以数据电文为载体，采用格式条款与平台内经营者或者消费者（以下称“合同相对人”）订立合同的，适用本规范指引。

第三条　本指引所称网络交易平台合同格式条款是网络交易平台经营者为了重复使用而预先拟定，并在订立合同时未与合同相对人协商的以下相关协议、规则或者条款：

（一）用户注册协议；

（二）商家入驻协议；

（三）平台交易规则；

（四）信息披露与审核制度；

（五）个人信息与商业秘密收集、保护制度；

（六）消费者权益保护制度；

（七）广告发布审核制度；

（八）交易安全保障与数据备份制度；

（九）争议解决机制；

（十）其他合同格式条款。

网络交易平台经营者以告示、通知、声明、须知、说明、凭证、单据等形式明确规定平台内经营者和消费者具体权利义务，符合前款规定的，依法视为合同格式条款。

第四条 工商行政管理机关在职权范围内，依法对利用合同格式条款侵害消费者合法权益的行为进行监督处理。

第五条 鼓励支持网络交易行业组织对本行业内合同格式条款的制定和使用进行规范，加强行业自律，促进行业规范发展。

第二章 合同格式条款的基本要求

第六条 网络交易平台经营者在经营活动中使用合同格式条款的，应当符合法律、法规和规章的规定，按照公平、公开和诚实信用的原则确定双方的权利与义务。

网络交易平台经营者修改合同格式条款的，应当遵循公开、连续、合理的原则，修改内容应当至少提前七日予以公示并通知合同相对人。

第七条 网络交易平台经营者应当在其网站主页面显著位置展示合同格式条款或者其电子链接，并从技术上保证平台内经营者或者消费者能够便利、完整地阅览和保存。

第八条 网络交易平台经营者应当在其网站主页面适当位置公示以下信息或者其电子链接：

（一）营业执照以及相关许可证；

（二）互联网信息服务许可或者备案信息；

（三）经营地址、邮政编码、电话号码、电子信箱等联系信息；

（四）法律、法规规定其他应披露的信息。

网络交易平台经营者应确保所披露的内容清晰、真实、全面、可被识别和易于获取。

第九条　网络交易平台经营者使用合同格式条款的，应当采用显著方式提请合同相对人注意与其有重大利害关系、对其权利可能造成影响的价款或者费用、履行期限和方式、安全注意事项和风险警示、售后服务、民事责任等内容。网络交易平台经营者应当按照合同相对人的要求对格式条款作出说明。鼓励网络交易平台经营者采取必要的技术手段和管理措施确保平台内经营者履行提示和说明义务。

前款所述显著方式是指，采用足以引起合同相对人注意的方式，包括：合理运用足以引起注意的文字、符号、字体等特别标识。不得以技术手段对合同格式条款设置不方便链接或者隐藏格式条款内容，不得仅以提示进一步阅读的方式履行提示义务。

网络交易平台经营者违反合同法第三十九条第一款关于提示和说明义务的规定，导致对方没有注意免除或者限制责任的条款，合同相对人依法可以向人民法院提出撤销该合同格式条款的申请。

网络交易平台经营者使用的合同格式条款，属于《消费者权益保护法》第二十六条第二款和《最高人民法院关于适用〈中华人民共和国合同法〉若干问题的解释（二）》第十条规定情形的，其内容无效。

第十条　网络交易平台经营者不得在合同格式条款中免除或者减轻自己的下列责任：

（一）造成消费者人身损害的责任；

（二）因故意或者重大过失造成消费者财产损失的责任；

（三）对平台内经营者提供商品或者服务依法应当承担的连带责任；

（四）对收集的消费者个人信息和经营者商业秘密的信息安全责任；

（五）依法应当承担的违约责任和其他责任。

第十一条　网络交易平台经营者不得有下列利用合同格式条款加重平台内经营者或者消费者责任的行为：

（一）使消费者承担违约金或者损害赔偿明显超过法定数额或者合理数额；

（二）使平台内经营者或者消费者承担依法应由网络交易平台经营者承担的责任；

（三）合同附终止期限的，擅自延长平台内经营者或者消费者履行合同的期限；

（四）使平台内经营者或者消费者承担在不确定期限内履行合同的责任；

（五）违法加重平台内经营者或消费者其他责任的行为。

第十二条　网络交易平台经营者不得在合同格式条款中排除或者限制平台内经营者或者消费者的下列权利：

（一）依法变更、撤销或者解除合同的权利；

（二）依法中止履行或者终止履行合同的权利；

（三）依法请求继续履行、采取补救措施、支付违约金或者损害赔偿的权利；

（四）就合同争议提起诉讼、仲裁或者其他救济途径的权利；

（五）请求解释格式条款的权利；

（六）平台内经营者或消费者依法享有的其他权利。

第十三条　对网络交易平台经营者提供的合同格式条款内容理解发生争议的，应当按照通常理解予以解释；对相应内容有两种以上解释的，应当作出不利于网络交易平台经营者的解释。格式条款与非格式条款不一致的，应当采用非格式条款。

第三章　合同格式条款的履行与救济

第十四条　网络交易平台合同格式条款可以包含当事各方约定的争议处理解决方式。对于小额和简单的消费争议，鼓励当事各方采用网络消费争议解决机制快速处理。

第十五条　支持消费者协会、网络交易行业协会或者其他消费者组织通过座谈会、问卷调查、点评等方式收集消费者对网络交易平台合同格式条款的意见，发现合同格式条款违反法律、法规和规章规定的，可以向相关主管部门提出。

认为网络交易平台合同格式条款损害消费者权益或者存在违法情形的，可以向相关主管部门投诉和举报。

第十六条　消费者因网络交易平台合同格式条款与网络交易平台经营者发生纠纷，向人民法院提起诉讼的，消费者协会或者其他消费者组织可以依法支持消费者提起诉讼。

第十七条　鼓励、引导网络交易平台经营者采用网络交易合同示范文本,或者参照合同示范文本制定合同格式条款。

第四章　附　　则

第十八条　本规范指引所称网络交易平台是指第三方交易平台,即在网络商品交易活动中为交易双方或者多方提供网页空间、虚拟经营场所、交易规则、交易撮合、信息发布等服务,供交易双方或者多方独立开展交易活动的信息网络系统。

第十九条　网络商品经营者,通过互联网(含移动互联网),以数据电文为载体,采用格式条款与消费者订立合同的,参照适用本规范指引。

第二十条　本指引由国家工商行政管理总局负责解释。

第二十一条　国家工商行政管理总局将根据网络经济发展情况,适时发布相关领域合同格式条款规范指引。

第二十二条　本规范指引自发布之日起实施。

最高人民法院关于涉网络知识产权侵权纠纷几个法律适用问题的批复

(2020 年 8 月 24 日最高人民法院审判委员会
第 1810 次会议通过　2020 年 9 月 12 日公布
自 2020 年 9 月 14 日起施行　法释〔2020〕9 号)

各省、自治区、直辖市高级人民法院,解放军军事法院,新疆维吾尔自治区高级人民法院生产建设兵团分院:

近来,有关方面就涉网络知识产权侵权纠纷法律适用的一些问题提出建议,部分高级人民法院也向本院提出了请示。经研究,批复如下。

一、知识产权权利人主张其权利受到侵害并提出保全申请,要求网络服务提供者、电子商务平台经营者迅速采取删除、屏蔽、断开链接等下架措施的，人民法院应当依法审查并作出裁定。

二、网络服务提供者、电子商务平台经营者收到知识产权权利人依法发出的通知后，应当及时将权利人的通知转送相关网络用户、平台内经营者，并根据构成侵权的初步证据和服务类型采取必要措施；未依法采取必要措施，权利人主张网络服务提供者、电子商务平台经营者对损害的扩大部分与网络用户、平台内经营者承担连带责任的，人民法院可以依法予以支持。

三、在依法转送的不存在侵权行为的声明到达知识产权权利人后的合理期限内，网络服务提供者、电子商务平台经营者未收到权利人已经投诉或者提起诉讼通知的，应当及时终止所采取的删除、屏蔽、断开链接等下架措施。因办理公证、认证手续等权利人无法控制的特殊情况导致的延迟，不计入上述期限，但该期限最长不超过20个工作日。

四、因恶意提交声明导致电子商务平台经营者终止必要措施并造成知识产权权利人损害，权利人依照有关法律规定请求相应惩罚性赔偿的，人民法院可以依法予以支持。

五、知识产权权利人发出的通知内容与客观事实不符，但其在诉讼中主张该通知系善意提交并请求免责，且能够举证证明的，人民法院依法审查属实后应当予以支持。

六、本批复作出时尚未终审的案件，适用本批复；本批复作出时已经终审，当事人申请再审或者按照审判监督程序决定再审的案件，不适用本批复。

最高人民法院关于审理涉电子商务平台知识产权民事案件的指导意见

（2020年9月10日　法发〔2020〕32号）

为公正审理涉电子商务平台知识产权民事案件，依法保护电子商务领域各方主体的合法权益，促进电子商务平台经营活动规范、有序、健康发展，结合知识产权审判实际，制定本指导意见。

一、人民法院审理涉电子商务平台知识产权纠纷案件，应当坚持严格保护知识产权的原则，依法惩治通过电子商务平台提供假冒、盗版等侵权商品或者服务的行为，积极引导当事人遵循诚实信用原则，依法正当行使权利，并妥善处理好知识产权权利人、电子商务平台经营者、平台内经营者等各方主体之间的关系。

二、人民法院审理涉电子商务平台知识产权纠纷案件，应当依照《中华人民共和国电子商务法》（以下简称电子商务法）第九条的规定，认定有关当事人是否属于电子商务平台经营者或者平台内经营者。

人民法院认定电子商务平台经营者的行为是否属于开展自营业务，可以考量下列因素：商品销售页面上标注的“自营”信息；商品实物上标注的销售主体信息；发票等交易单据上标注的销售主体信息等。

三、电子商务平台经营者知道或者应当知道平台内经营者侵害知识产权的，应当根据权利的性质、侵权的具体情形和技术条件，以及构成侵权的初步证据、服务类型，及时采取必要措施。采取的必要措施应当遵循合理审慎的原则，包括但不限于删除、屏蔽、断开链接等下架措施。平台内经营者多次、故意侵害知识产权的，电子商务平台经营者有权采取终止交易和服务的措施。

四、依据电子商务法第四十一条、第四十二条、第四十三条的规定，电子商务平台经营者可以根据知识产权权利类型、商品或者服务的特点等，制定平台内通知与声明机制的具体执行措施。但是，有关措施不能对当事人依法维护权利的行为设置不合理的条件或者障碍。

五、知识产权权利人依据电子商务法第四十二条的规定，向电子商务平台经营者发出的通知一般包括：知识产权权利证明及权利人的真实身份信息；能够实现准确定位的被诉侵权商品或者服务信息；构成侵权的初步证据；通知真实性的书面保证等。通知应当采取书面形式。

通知涉及专利权的，电子商务平台经营者可以要求知识产权权利人提交技术特征或者设计特征对比的说明、实用新型或者外观设计专利权评价报告等材料。

六、人民法院认定通知人是否具有电子商务法第四十二条第三款所称的“恶意”，可以考量下列因素：提交伪造、变造的权利证明；提交虚假侵权对比的鉴定意见、专家意见；明知权利状态不稳定仍发出通知；明知通知错误仍不及时撤回或者更正;反复提交错误通知等。

电子商务平台经营者、平台内经营者以错误通知、恶意发出错误通知造成其损害为由,向人民法院提起诉讼的,可以与涉电子商务平台知识产权纠纷案件一并审理。

七、平台内经营者依据电子商务法第四十三条的规定,向电子商务平台经营者提交的不存在侵权行为的声明一般包括:平台内经营者的真实身份信息;能够实现准确定位、要求终止必要措施的商品或者服务信息;权属证明、授权证明等不存在侵权行为的初步证据;声明真实性的书面保证等。声明应当采取书面形式。

声明涉及专利权的,电子商务平台经营者可以要求平台内经营者提交技术特征或者设计特征对比的说明等材料。

八、人民法院认定平台内经营者发出声明是否具有恶意,可以考量下列因素:提供伪造或者无效的权利证明、授权证明;声明包含虚假信息或者具有明显误导性;通知已经附有认定侵权的生效裁判或者行政处理决定,仍发出声明;明知声明内容错误,仍不及时撤回或者更正等。

九、因情况紧急,电子商务平台经营者不立即采取商品下架等措施将会使其合法利益受到难以弥补的损害的,知识产权权利人可以依据《中华人民共和国民事诉讼法》第一百条、第一百零一条的规定,向人民法院申请采取保全措施。

因情况紧急,电子商务平台经营者不立即恢复商品链接、通知人不立即撤回通知或者停止发送通知等行为将会使其合法利益受到难以弥补的损害的,平台内经营者可以依据前款所述法律规定,向人民法院申请采取保全措施。

知识产权权利人、平台内经营者的申请符合法律规定的,人民法院应当依法予以支持。

十、人民法院判断电子商务平台经营者是否采取了合理的措施,可以考量下列因素:构成侵权的初步证据;侵权成立的可能性;侵权行为的影响范围;侵权行为的具体情节,包括是否存在恶意侵权、重复侵权情形;防止损害扩大的有效性;对平台内经营者利益可能的影响;电子商务平台的服务类型和技术条件等。

平台内经营者有证据证明通知所涉专利权已经被国家知识产权局宣告

无效,电子商务平台经营者据此暂缓采取必要措施,知识产权权利人请求认定电子商务平台经营者未及时采取必要措施的,人民法院不予支持。

十一、电子商务平台经营者存在下列情形之一的,人民法院可以认定其“应当知道”侵权行为的存在:

(一)未履行制定知识产权保护规则、审核平台内经营者经营资质等法定义务;

(二)未审核平台内店铺类型标注为“旗舰店”“品牌店”等字样的经营者的权利证明;

(三)未采取有效技术手段,过滤和拦截包含“高仿”“假货”等字样的侵权商品链接、被投诉成立后再次上架的侵权商品链接;

(四)其他未履行合理审查和注意义务的情形。